KB097694

책벌레의 공부

책벌레의 공부

책에
살고

책에
죽다

이인호 지음

서문:

모로 가도 서울만 가면 된다

여러분이 제주도에 사는데 서울에 간다고 하자. 배를 타고 인천에 도착하여 서울로 들어가면 된다. 부산이나 목포로 건너가 다시 기차나 고속버스를 타고 가도 된다. 아예 비행기를 타고 김포공항에 내려도 된다. 시간과 비용의 차이야 있겠지만 서울 가는 것이 목적이었으니 무슨 방법을 사용하든 서울에 무사히 도착하기만 하면 되는 것이다.

이처럼 공부나 독서도 오로지 한 가지 방법만 있는 것이 아니다. 무슨 방법을 사용하든 소기의 목적만 달성하면 되지 않겠는가. 다만 이것도 시간과 비용의 차이가 있다. 그러니 이 책에 소개된 다양한 방법을 섭렵한 후 본인의 성격이나 취향에 맞는 것을 골라 실천하면 될 것이다. 뭘 해도 적성에 맞아야 하는 것이니 말이다. 공부법이니 독서법이니 하는 그런 이론이 아니라 실존 인물의 실제 사례이니만큼 제법 실감 나고 유익할 것이다.

모로 가도 서울만 가면 된다지만 두 종류의 인간은 이 책을 읽어서는 안 된다. 교활한 자와 고집불통인 자. 교활한 자가 이 책을 읽으면 더욱 교활해져 세상에 해악을 끼치고 자기 자신도 망친다. 고집불통인 자는 지식까지 겸비하니 더욱 완고해져 남의 말을 일절 듣지 않을 테니 설령 자신을 망치지는 않아도 평생 발전이 없다. 그러니 교활한 자, 고집불통인 자를 제외한 모든 분의 일독을 권한다.

　한양대학교 ERICA 캠퍼스 중국학과
　이인호

일러두기

- 이 책을 쓸 때 주로 참고한 도서는 『古今名人讀書法』(張明仁 編, 商務印書館, 1939년 번체자 초판)이다. 그 밖에 명나라 진계유陳繼儒의 『讀書十六觀』, 명나라 오응기吳應箕의 『讀書止觀錄』을 비롯해 중문 웹의 독서법 관련 자료를 참고했다.

- 본문에 나오는 중국 고유명사는 한자 독음에 따라 적었다. 다만 필요한 경우에는 외래어 표기법에 따른 표기를 괄호 안에 병기했다.

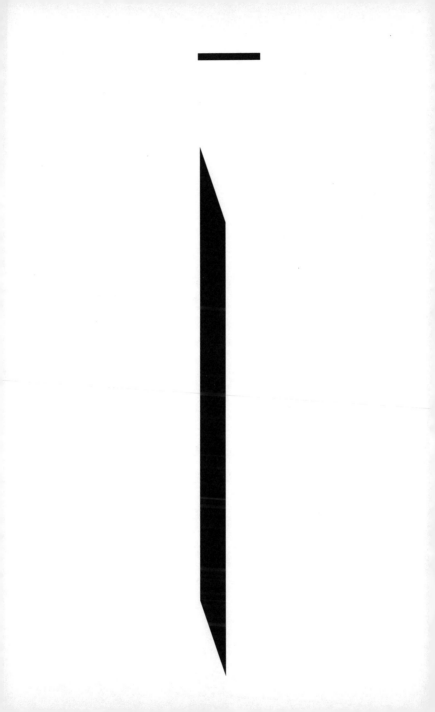

책은 읽기 나름

양부楊溥는 감옥에 10년 있었다. 가족이 음식을 줄곧
제공했지만 끊기기도 했다. 또한 황제의 뜻을 예측하기
힘들었기에 언제 죽을지 모를 운명이었다. 그러나
양부는 더욱 열심히 책을 읽었다. 함께 투옥된 자들이
양부를 말렸다. "사태가 이 지경까지 왔는데 책을 읽어
무슨 소용이 있다고 그리 열심이오?" 이에 양부가
대답했다. "아침에 도를 들으면 저녁에 죽어도
좋습니다."

『독서지관록』讀書止觀錄

양부는 명나라 때 정치가이자 시인이다. 진사 급제 후 관
운이 형통했으나 1414년에 모함을 받아 투옥되었다. 수감
생활 십 년 동안 경서經書와 사서史書를 여러 번 통독했다. 그
뒤로 오해가 풀리고 복권되어 한림학사와 예부상서를 거쳐
마침내 재상 자리까지 올랐다. "아침에 도를 들으면 저녁
에 죽어도 좋다"朝聞道, 夕死可矣.라는 구절은 설령 한자를 모르

는 사람이라도 들어는 봤을 텐데 공자孔子가 한 유명한 말이다. 언제 죽을지 모르는 마당에 저런 말을 하면서 차분하게 책을 십 년이나 읽었다니 물론 대단한 일이지만 한편으로는 세태를 풍자하는 느낌도 든다.

죽을 위기에서도 책을 저리 껴안고 견디는 사람이 있는 반면에 모조리 불살라 버린 사람도 있었다. 남북조 시대, 북방의 위魏나라 군대가 쳐들어오자 남방의 양나라 원제 소역蕭繹은 십여만 권의 책을 한데 모아 놓고 모조리 불사르며 말했다.

육경六經을 낭송하고 제자백가諸子百家에 통했으며 공자孔子의 학문을 갖추고 주공周公의 능력을 구비했으나, 그로 인해 오히려 교만이 더해지고 화를 돋우었으니 금릉金陵이 함락되고 강릉江陵이 멸망하는 것을 막는 데 무슨 도움이 되었는가?

양부는 독서로 힘든 세월을 견뎌 냈지만 소역은 오히려 책을 탓하며 불살랐으니 책이란 물건은 참 묘하기도 하다. 중국 근현대 학자 손덕겸孫德謙은 독서를 깊게 하는 것은 좋지만 그것도 과하면 이상해진다며 이렇게 말했다.

책을 읽으면 이해해야 한다. 그런데 너무 깊게 파고들면 그 이해가 지나쳐 오히려 이해에 장애가 된다. 그러니 책은 이해하기 쉽지 않다. 동진東晉 시대 도잠陶潛(도연명)을 사람들은 자연파 시인이고 은둔 시인의 시조라고 칭할 뿐, 그가 정말 책을 잘 읽는 사람인 줄은 모른다. 도잠은 스스로 이렇게 말한 적이 있다. "독서를 좋아하지만 너무 깊게 파지는 않는다. 매번 깨달음이 있으면 기뻐서 식사도 잊는다." 자술한 바를 보면 이해하는 정도에 그쳤음을 알 수 있다. 내가 이런 말을 하니까 누군가 물었다. 도잠의 독서법이 좋다고 하는데 구체적으로 실례를 들어 주실 수 있습니까? 이에 내가 답했다. 『논어』를 보면 이런 구절이 있다. "공자가 광匡이란 곳에서 공격을 받아 일행이 흩어졌다. 안회顏回가 사라졌다가 다시 나타나자 공자가 말했다. '나는 네가 죽은 줄 알았다.' 안회가 아뢰었다. '선생님이 계시는데 제가 어찌 감히 죽겠습니까?'" 이 구절을 어떻게 이해할 것인가? 안회가 감히 먼저 죽을 수 없다는 것은 그만큼 스승을 존경하기에 스승을 상심하게 할 수 없다는 뜻 정도로 받아들이면 충분하다. 그런데 이것을 깊게 파고들어서 죽으면 죽는 것이지 '감히'가 또 무슨 말인가 하고 따지기 시작하면 무슨 뜻인지 이해할 수 없게 된다. 그러므로 책을 읽을 때 심하게 파고드는 것도 문제다.

책은 읽기 나름인 것이다.

좋은 친구

책을 보는 것은 친구를 사귀는 것과 같아 오래되면
반드시 물들게 되어 있다. 그러니 선택해서 봐야 한다.

『잠언류초』箴言類鈔

그 사람을 알려면 친구를 보라는 격언도 있고, 친구 따라
강남 간다는 속담도 있느니만큼 친구라고 해서 함부로 사귈
일은 아니다. 책을 읽는 것이 친구를 사귐과 같다면 아닌 게
아니라 책도 정말 가려서 읽어야 할 일이다.

좋은 책을 읽는 것은 현자와 대화를 나누는 것이라 여긴
사람이 일찍이 있었다. 명나라 때 명신이었던 손교孫交가 남

경南京에 처음 부임했을 때 일이다. 업무가 끝나면 동료들은 각자 귀가하거나 친구를 만나러 나갔다. 그런데 손교는 혼자 사무실에 남아 조용히 책을 읽었다. 누군가 이유를 물었다. 손교가 대답했다.

책을 읽는 것은 현자와 대화를 나누는 것이다. 처첩이나 친구와 노닥거리는 것보다야 훨씬 낫지 않겠는가?

처첩이나 친구와 희희낙락하는 재미가 없는 것은 아니지만 손교는 이를 시간낭비로 여겼던 것이다. 친구가 많아도 역시 좋은 친구는 귀하듯 일생에 필요한 책은 그리 많지 않다. 명나라 때 희곡 작가 왕도곤汪道昆의 집에 책이 많았다. 친구가 곁눈질로 한참 훑어보자 왕도곤이 입을 열었다.

책이 많아 봐야 관리하느라 고생만 한다네. 여기 있는 책은 그저 자료나 확인하려는 것이네. 한평생 살아가면서 필요한 책은 불과 몇 권이니 그것만 숙달되게 읽으면 충분하다네.

여기에서 가관인 것은 몇 권에 불과한 그런 책도 실은 빌려야 읽게 된다는 사실이다. 청나라 때의 문인 원매袁枚 또

한 책이란 빌려야 비로소 열심히 읽는다고 했다.

책은 빌리지 않으면 읽지 않게 된다. 장서가藏書家 이야기를 들은 바 없는가? 칠략七略▶이나 사고四庫▶는 황제의 책인데 황제 중에 책을 읽은 사람이 얼마나 되던가? 부잣집 서재에 책이 가득해도 서재에서 열심히 책을 읽는 자식이 몇 명이나 되던가? 그 밖에 할아버지 아버지 때 열심히 책을 모으고 소장해도 아들 손자에 이르러서는 팔거나 버리는 예가 흔하다. 비단 책만 그런 것이 아니라 세상 물건이 다 그렇다. 남의 물건을 힘들게 빌려 와야 언제 달라고 할지 몰라 조마조마한 마음에 애착이 가는 것이다. 오늘은 나한테 있지만 내일은 돌려줘서 다시 볼 수 없어야 소중히 여기게 된다. 내 것이면 언제든지 볼 수 있으니 오히려 모셔 놓고 정작 읽는 것은 다음으로 미루게 되지 않던가.

하긴 받은 책은 잘 안 읽게 되더라. 구입한 책은 돈이 아까워서라도 조금이나마 읽는데 말이다. 그런데 책은 좋은 친구일 뿐 아니라 좋은 안주감이 되기도 한다. 송나라 때 시인 소순흠蘇舜欽은 책을 안주 삼아 말술을 마셨다.

—

23

소순흠이 처갓집에 머물 때 일이다. 그가 밤마다 책을 읽으며 술을 한 말씩 마시자 장인인 두연杜衍이 그의 방을 엿보았다. 소순흠이 마침 『한서』漢書 「장량전」張良傳을 읽고 있었다. 장량張良이 자객과 함께 박랑사에서 진시황제를 암살하는 대목에 이르렀다. 소순흠이 손바닥을 치며 말했다. "아깝다. 빗나갔구나!" 그러고는 술 한 사발을 들이켰다. 한나라 고조 유방劉邦이 장량의 공을 인정하여 제나라 지역의 3만 호를 골라잡으라고 했다. 이에 장량이 말했다. "제가 하비下邳에서 기의하여 유留에서 폐하를 뵙게 된 것은 하늘이 폐하께 저를 보낸 것입니다." 이 대목에 이르자 소순흠이 탁자를 탁 치면서 탄식했다. "군주와 신하의 만남이 이토록 어려운 법이구나!" 그러고는 또 한 사발을 들이켰다. 이에 두연은 웃고 말았다. "저런 식으로 안주를 삼으면 한 말도 부족하지."

▶칠략(七略): 한나라 때 유학자 유향(劉向)이 국가 도서관의 책을 정리하고 각 책의 저자, 내용, 가치 및 정리 과정을 묶어 중국 최초의 도서 목록인 『별록』(別錄)을 만들었다. 그 뒤를 이은 아들 유흠(劉歆)이 『별록』에 수록된 도서를 유가략(儒家略), 제자략(諸子略), 시부략(詩賦略), 병서략(兵書略), 술수략(術數略), 방기략(方技略)으로 나누고 총론 성격인 집략(輯略)을 더해 '칠략'으로 칭했다.

▶사고(四庫): 도서를 경사자집(經史子集: 경서, 역사서, 제자백가, 문집)으로 나눈 분류로 국가 도서관의 도서 목록이라고 할 수 있다.

놀 돈이 없어 공부하다

"놀고 즐기는 것을 저도 싫어하지 않습니다. 다만
가난하여 놀 돈이 없었습니다."

「몽계필담」夢溪筆談

공부나 독서와 관련된 옛글을 읽어 보면 그 어렵고 힘든
환경에서도 열심히 공부한 사람의 이야기가 많다.

한나라 때 광형匡衡은 촛불이 없어 밤에 책을 볼 수 없자
옆집의 벽에 구멍을 뚫어 새어 나오는 불빛으로 책을 읽었
다. 남북조 시대 강필江泌도 가난하여 초를 살 수 없자 달빛
에 책을 읽었다. 달이 기우는 대로 달빛을 따라가다 보니 사

다리를 놓고 지붕까지 올라갔고 피곤할 때는 졸다가 사다리에서 굴러떨어지기도 했다. 머리를 묶어 대들보에 걸었다는 한나라 때 손경孫敬, 모래에 글씨 연습을 했다는 송나라 때 구양수歐陽修, 서당에 갈 형편이 못 되어 벽에 귀를 대고 몰래 수업을 들었다는 남북조 시대의 고환顧歡 등 그 외에도 셀 수 없을 정도로 많다.

저런 이야기 중에는 상식 밖의 내용도 있다. 광형과 강필은 물론이고, 남북조 시대 흰 눈에 반사되는 달빛에 의지해 책을 읽었다는 손강孫康이나 반딧불을 잡아 명주 주머니에 넣고 책을 읽었다는 차윤車胤의 이야기가 과연 현실에서 가능할까?

빛의 세기를 헤아리는 단위로 조도照度 또는 조명도照明度라는 것이 있다. 단위는 럭스lx인데, 쉽게 말하자면 촛불 1개의 조도가 1럭스다. 보통 달빛은 약 1럭스 정도로 물체를 희미하게 식별할 수 있다. 보름달은 더 밝아서 2-5럭스쯤 되니 밤길을 걷는 데는 불편이 없겠지만 책을 장시간 읽을 정도는 아니다. 낮에 흐린 날은 10럭스, 교실 안은 보통 20럭스이다. 실험에 따르면 독서에 적당한 조도는 최소 10럭스 이상 50럭스 이하이고, 정밀한 작업에는 100럭스의 조도가 필요하지만 눈에 긴장을 주는 밝기이므로 장시간 작업은 힘들다. 이렇게 본다면 저 사람들이 각고의 노력을 기울인 것은 맞지만 과장된 이야기가 아닐 수 없다.

이제 관점을 달리하여 생각해 보자. 지금도 좀 놀려면 돈이 필요하다. 그냥 소박하게 논다 해도 동네 '뽑기방'이든 PC방이든 노래방이든 영화관이든, 포장마차에서 한잔을 하거나 편의점에서 음료수를 하나 마시든, 여하간 움직이면 돈이고 뭘 하든 돈이 필요하다. 물론 강원도 정선 카지노에서 호화롭게 놀려면 더욱 많은 돈이 필요하다. 그럼 그 옛날에는 어떠했을까? 단순한 사회라지만 역시 사람 사는 세상이라 노는 놈은 있었다. 선한 사람을 등쳐 먹거나 갈취하여 그 돈으로 빈둥대며 주점을 전전하거나 노름에 빠진 자가 그때라고 왜 없었겠는가. 그들처럼 살지 않으려면 달리 뾰족한 수가 있는가? 생업에 종사하지 않으면 책을 보는 것 이외에 달리 묘수가 있는가? 그러니 참한 사람으로서 돈이 없으면 예나 지금이나 놀 수 없다. 농업이든 어업이든 상업이든 수공업이든 전심전력으로 생업에 종사하지 않으면 공부 이외에 달리 할 일이 없는 것이다. 이제 송나라 때 정치가이자 시인이었던 안수晏殊의 이야기를 읽어 보자.

송나라 안수가 어릴 때 일이다. 장지백張知白이 '신동'으로 추

천하여 조정의 부름을 받았다. 안수가 수도에 도착했다. 그
때 마침 황제는 진사 급제자를 대상으로 친히 출제하면서 안
수에게도 답안지를 작성하도록 명했다. 안수가 문제지를 펼
치더니 아뢰었다. "제가 열흘 전에 이런 제목으로 글을 지은
적이 있사오니 다른 제목으로 내려 주십시오." 황제는 안수
의 솔직함을 무척 기특히 여겼다. 훗날 안수가 한림원에 사관
으로 근무할 때 일이다. 천하가 태평하던 시절이라 황제는 대
신이며 비서가 경치 좋은 곳에서 한 상 차려 놓고 음주가무를
즐겨도 나무라지 않았다. 그리하여 비서, 문관, 사대부가 각
자 잔치를 즐겼고, 번화가의 술집마다 음주가무를 즐기는 고
관대작으로 넘쳐났다. 안수는 당시 무척 가난해 외출하지 못
하고 그저 집에 머물며 형제들과 함께 책을 읽을 따름이었
다. 그러던 어느 날 관리의 임면을 담당하는 이부吏部에서 동
궁의 태자를 보좌하는 자를 뽑으려고 인선을 서두르는데 황
제가 안수로 선정하겠다는 전갈을 보내왔다. 이부의 관계자
들이 무슨 영문인지 몰라 이튿날 황제에게 여쭈었다. 황제가
설명했다. "근자에 듣기로 비서들이며 대신들이 음주가무를
즐겨 낮밤이 이어진다고 하던데 오로지 안수만은 두문불출하
고 형제들과 책을 읽는다고 합디다. 이처럼 근신하고 독실한
자이니 동궁의 태자를 가르치기에 적합하다 여겼소." 동궁의

관리로 발령 난 안수가 황제를 배알하게 되었다. 황제가 발령 난 연유를 알려 주었다. 안수가 솔직하게 아뢰었다. "놀고 즐기는 것을 저도 싫어하지 않습니다. 다만 가난하여 놀 돈이 없었습니다. 저에게 돈이 있었다면 저도 나가서 놀았을 것입니다." 황제는 안수의 성실과 솔직함을 더욱 좋아했고 아울러 군왕을 모시는 도리가 무엇인지 알고 있음을 높이 평가해 은총이 날로 깊어졌다. 인종이 등극하자 안수는 마침내 중용되어 재상의 자리까지 올랐다.

안수의 솔직함이 놀라울 따름이다. 놀 돈이 없어서 공부한 사람이 안수다. 잔머리 굴리지 않고 있는 그대로 솔직하게 살아서 성공한 사람이 안수다. 그러니 놀 돈이 없으면 엉뚱하거나 허황된 생각을 접고 그저 단순하게 돈이 안 드는 공부를 해 봄 직도 하다. 마을마다 있는 공공도서관의 책은 우리가 죽을 때까지 봐도 다 못 본다. 하물며 인터넷의 유익한 자료는 더 말할 나위 없다.

사람의 도리를 다하기 위한 독서

밭을 잘 고른 후에 열심히 심어야 한다. 밭이 엉망인데 열심히 심어 봐야 소용없다. 책을 읽어야 공부라고 하는데, 바탕이 깨끗하지 않으면 책을 읽어 봐야 소용이 없다. 바탕이 더러운 자가 책을 읽으면 그것은 강도에게 칼을 빌려주고, 도둑에게 양식을 대 주는 격이다.

『어록』語錄

이런 글을 읽으면 참으로 한숨부터 나온다. 요즘 학생에게 이런 말을 했다가는 이른바 '꼰대' 소리를 듣기에 딱 알맞지 않은가. 성적이 우선이고 좋은 대학이나 좋은 직장에 들어가는 것이 지상 과제인데 먼저 사람부터 되라니 말이다. 독서보다도 사람이 우선 되라는 잔소리(?)는 참으로 많다. 청나라 때 학자 장이상張履祥은 이렇게 말했다.

책을 적게 읽으면 제가 잘난 줄 안다. 홀로 지내면 제가 옳은 줄 안다. 그렇다고 이 책 저 책 다양하게만 읽지 인격 수양을 하지 않거나, 두루 널리 사귈 뿐 본받으려고 하지 않으면 오히려 더 해롭다. 그러므로 바른 마음을 갖추어야 책을 읽어도 도움이 된다. 자신을 수양한 다음에 집 문을 나서야 무엇을 이루어도 이룰 수 있는 것이다.

청나라 때의 유학자 주용순朱用純도 독서란 사람 도리를 다하기 위한 것이라 가르쳤다.

성현의 책은 과거에 급제하라고 만든 것이 아니라 바른 사람이 되라고 만든 것이다. 그러니 책의 한 구절을 읽으면 자기 행동을 돌아봐서 내가 과연 그렇게 했는지 살펴야 한다. 또한 어떤 일을 했을 때 책에 부합되는지 성현은 어떻게 했는지 확인하는 것이 진정한 독서이다.

틀린 말이 아닌데 왜 사람들은 저런 말을 경청하지 않는 것일까? 송나라 진종眞宗이 지은 「권학문」勸學文이 사람들을 오도했다고 지적한 이가 있다. 송나라 때 유학자 이지언李之

彦이다.

「권학문」에 이런 말이 있다. "책 속에 황금의 집이 있다." 또
이런 말도 있다. "금을 팔아 책을 구입해 읽는다. 책을 읽으면
금을 사기 쉽다." 이런 글이 마음속에 들어오면 성공하기 전
부터 이미 탐욕의 싹이 움터서, 일단 성공하면 돈을 모으려고
혈안이 되며, 돈이 많은 것을 영광으로 여기고 예의와 염치는
뒷전으로 미룬다. 누가 고발을 해도 태연하고 비판하는 소리
가 들려도 외면한다. 더욱 가관인 것은 그런 고발이나 비판을
접수하고 처리하는 자 또한 대부분 그런 사람이다. 그러니 법
률은 그저 종이에 적힌 문구일 뿐이고 염치는 땅에 떨어진다.
나쁜 습성이 날로 강해져 자연스럽게 행동한 결과, 자기 집과
집안을 살찌게 할 줄만 알지, 그것이 국가를 좀먹고 백성을
해치는 일임은 모른다. 이 모든 것이 「권학문」에서 비롯되지
않았는가? 이런 것은 물론 탐욕스런 자를 심하게 나무라야 할
일이지만 그와 동시에 「권학문」이 오도했음도 탓하지 않을
수 없다.

그러므로 청나라 때 산문가 위희魏禧는 책을 읽으면 안 될
사람이 있다고 경고했다.

위희가 이런 말을 했다. "책은 좋은 것이라 현자가 읽으면 더 현명해지고 어리석은 자라도 읽으면 설령 도움이 안 되더라도 해롭지는 않다. 책을 일만 권을 읽어도 일 하나 제대로 못 하는 사람이 있으니 독서가 무슨 소용이냐고 하는데, 그렇다면 그런 사람이 책을 읽지 않으면 오히려 일을 잘하는가? 하지만 두 종류의 사람은 책을 읽으면 안 된다. 교활한 자와 고집불통인 자. 교활한 자는 더욱 교활해져 세상에 해를 끼치고 자기 자신도 망친다. 고집불통인 자는 지식까지 겸비하니 더욱 완고해져 남의 말을 일절 듣지 않게 되어 설령 자신을 망치지는 않아도 평생 발전이 없다." 나 양장거梁章鉅의 졸견인데, 위희의 말은 물론 맞다. 그러나 책을 잘못 읽은 자나 그런 것이다. 책은 사람 기질을 변화시키니 책을 잘 읽으면 그런 사람도 변하게 될 것이다.

양장거의 말이 옳을까, 위희의 말이 옳을까? 여간해서 본성은 변하지 않는다는 것이 나의 생각이라 나는 위희의 말에 더 끌린다.

군자와 겸손

군자는 두루 배우지만 숙달되지 못할까 걱정한다.

일단 숙달되면 실천하지 못할까 걱정한다.

일단 실천하면 겸손하지 못할까 걱정한다.

『설원』說苑 「담총」談叢

인품이 좋은 사람을 일러 흔히 '군자'君子라 한다. 그 앞에 '도덕' 두 자를 붙여 '도덕군자'라고도 부른다. 그런데 '군자'는 본디 인품이나 인격과 별로 상관이 없는 단어였다. '군왕君王의 자제子弟'를 줄여서 군자라 했기 때문이다. 옛날 중국은 신분제 사회였고 그 직위는 세습되었다. 군왕의 자제, 곧 군자는 귀족을 말한다.

군자는 귀족이므로 의식주를 걱정할 필요가 없었다. 따라서 교양을 갖추고 품위를 유지할 경제적 정신적 여유가 있었다. 교양과 품위는 인격의 기본이 아닌가. 이로부터 인품이 뛰어난 도덕군자의 개념이 나오게 된 것이다.

『논어』를 읽어 보면 공자는 수시로 제자에게 군자가 되기를 요구했다. 육예六藝를 습득하여 관리로 진출함과 동시에 인격적으로도 수준이 있는 도덕군자가 되기를 원했던 것이다. 훗날 도덕군자의 개념은 귀족이나 관료의 측면이 희미해지고 인품이나 인격의 측면이 부각되어 인품이 뛰어난 지식인을 가리키게 되었다. 앞선 인용문을 말한 한나라 학자 유향劉向도 그런 개념으로 '군자'를 사용했다.

두루 배워 박학다식하기도 힘든데 숙달하기를 요구한다. 숙달한다는 것은 그 분야에 정통하다는 뜻이니 전문가가 된 것이다. 전문가로서 지식은 충분하니 이제 아는 만큼 행동하기를 요구한다. 아는 것을 실천하라는 말이다. 이 정도만 해도 참으로 대단한데 유향은 마지막으로 겸손까지 요구한다.

겸손을 요구한 이유는 무엇일까? 겸손하지 않은 사람은 인격은 물론이고 지식에서도 공부가 덜된 것으로 보기 때문이다. 명나라 때 문학가이자 화가인 진계유陳繼儒는 이렇게 말했다.

내가 스승께 들은 이야기가 있다. "세상 모든 책을 읽지 않았으면 함부로 고인古人을 평하지 마라. 세상 모든 책을 정말 다 읽었다면 고인을 함부로 평할 일이 아님을 깨달을 것이다. 후학들이 걸핏하면 옛사람을 비판하는데 실은 머리에 든 것이 없어서 그런 것이다."

여기서 '고인'古人은 작고한 사람을 말하는 것이 아니라 선현先賢을 가리킨다. 선현이라고 무조건 존경할 필요는 없지만 함부로 비판해서는 안 되는 이유를 명나라 때 학자 호응린胡應麟은 따뜻한 이해의 마음으로 설명했다.

책을 읽을 때 가장 조심해야 할 일이 고인을 비판하는 것이다. 아무리 뛰어난 사람이라도 실수가 있는 법이니 고인이라고 어떻게 완벽할 수 있겠는가. 그 많은 글자에 책은 또 어찌나 많은지 인용하다 보면 어긋날 수가 있고 의미를 부여할 때도 나름대로 생각하는 바가 있었을 것이다. 게다가 필사나 전래 과정에서 오탈자도 나올 수 있으니 오류의 가능성은 한두 가지가 아니다. 그런 경우를 만나면 응당 다양한 서적을 참고

하여 오류를 바로잡아 원래의 아름다운 모습으로 최대한 복원하려고 노력해야지 고인을 무시해서는 안 된다. 하다하다 안 되는 경우는 각자의 의견을 조심스럽게 밝히면 된다. 그런데 요즘 세태는 사소한 오류만 보면 무슨 봉을 잡은 듯 나대니, 또 세월이 흐르면 후세 사람도 지금 사람을 그런 식으로 대할까 두렵다.

그런데 청나라 때 시인 풍반馮班은 오류를 지적할 때도 신중하라고 당부했다.

책을 읽다가 내 의견과 다른 부분을 만나면 일단 그냥 놔두고 넘어가는 것도 괜찮다. 나중에 납득이 될 수도 있으니까 즉석에서 오류라고 지적할 일은 아니다.

요즘은 튀어야 사는 세상이니 '겸손'은 놔두고 그저 '신중'만 해도 훌륭하다.

▶육예(六藝): 당시 공자의 기본 커리큘럼이었던 육예(六藝)는 군주나 귀족 집안에 근무하려면 필요한 여섯 가지 지식과 기술이었다. 그 여섯 가지란 예(禮: 의전), 악(樂: 음악), 사(射: 궁술), 어(御: 운전), 서(書: 필기), 수(數: 셈)였다. 현재의 학과 분류로 보자면, 대략 의전, 음악, 경호, 운전, 인문, 수학 등이니 결코 간단한 게 아니다.

독하게 공부하다

공부를 탁월하게 잘하면 좋다. 더 좋기로는 자발적으로
분발하는 것이다.

『곤학록집수』困學錄集粹

청나라 유학자 장백행張伯行의 이 말이 아니라도, 누가 시
켜서 하는 것이 아니라 자발적으로 하는 사람은 어려움이
있어도 극복하려고 한다. 그런 사람이 성공하지 못한다면
오히려 이상하다. 타고난 천재를 부러워하기도 하는데 길
게 보면 꼭 그것이 행운은 아니다. 청나라 정치가이자 학자
인 이광지李光地는 이렇게 말했다.

척 보고 암송하는 자는 버림받을 인재다. 힘들게 공부하고 그 게 쌓여야 단단히 기억되어 잊지 않는다. 부잣집 아들은 재물 이 소중한지 몰라 결국 흥청망청하다 망한다. 고생 끝에 자 수성가한 자만이 하찮은 것도 소중히 여겨 재산을 지킬 수 있 다. 공부도 어렵게 하는 가운데 일단 재미를 느끼면 자연히 알아서 계속하게 된다. 주변에 보면 한 번 읽고 암송하는 아 이들이 있는데 커서 성공하는 예가 드물었다.

힘든 환경에서도 자발적으로 공부하면 종종 이색적인 공 부법이 나오게 마련이다. 반딧불과 눈빛으로 책을 읽었다 는 형설螢雪의 고사는 다들 익숙할 테니 생략한다. 전국 시 대의 유세가 소진蘇秦이 미천하던 시절, 공부할 때 졸리면 송곳으로 허벅지를 찔렀다는 고사도 전설처럼 전해진다.

중국 현대문학의 아버지 노신魯迅은 어릴 적에 학당에서 공부했는데 첫 학기에 받은 상금으로 책을 몇 권 구입하고 남은 돈으로는 붉은 고추를 샀다. 겨울날 저녁에 책을 읽으 면서 추위에 몸을 벌벌 떨 때마다 고추를 하나 입에 넣고 씹 었던 것이다. 이마에 땀이 맺히고 온몸이 화끈거려 매서운 추위도 물리칠 수 있었다.

한나라 말기 때 학자 임말任末은 공부를 하다가 깨달은 바가 있으면 즉시 손바닥이나 옷에다 메모를 했다. 그런 식으로 계속 공부를 하다 보니 옷에 글씨가 자욱하여 새까맣게 변했고, 제자들이 스승의 분발에 감탄하여 새 옷으로 갖다 드렸다고 한다.

삼국 시대 종요鍾繇는 각종 서체에 능했던 서예가이며 특히 해서楷書의 시조로 추앙받는다. 당시 서예가 위탄韋誕이 『채백개필법』蔡伯喈筆法이라는 유명한 서첩書帖을 소장하고 있어서 종요가 한 번만 보여 달라고 간청했으나 거절당했다. 이에 종요가 분을 이기지 못하고 스스로 가슴을 마구 쳐서 피를 토했다. 종요는 생명의 위험에 처했고, 이에 조조曹操가 영약을 먹여 겨우 목숨을 구했다. 가까스로 살아난 종요는 훗날 위탄이 죽자 그의 묘를 도굴하여 마침내 『채백개필법』을 품에 넣었다. 종요의 서예는 그때부터 일취월장했다고 전한다. 그는 잠결에도 손가락으로 붓글씨를 연습했다고 한다. 그러니 이불인들 온전했겠는가. 구멍이 숭숭 뚫렸다고 한다.

송나라 정치가이자 문학가인 범중엄范仲淹은 두 살 때 아버지를 여의었는데 가난을 견디지 못한 어머니가 재혼했다. 나중에 사실을 알게 된 범중엄은 울면서 어머니와 작별하고 학사學술로 공부를 떠났다. 오 년 동안 옷을 벗고 잠자리에 든 적이 없었으며, 밤에 졸리면 냉수를 얼굴에 뿌리며 책을 읽었다. 빈곤했으므로 죽을 끓였지만 그것도 다 먹지 못하고 식혀서 굳으면 네 조각으로 나누었다. 아침저녁 두 끼만 두 조각씩 먹었던 것이다.

이렇게 하여 훗날 성공한 범중엄은 부잣집 친구들의 선심을 사양하고 독하게 공부한 사람으로서 다음의 유명한 두 구절을 남겨 비천연민悲天憐民의 고귀한 품성을 보여 주었다. "세상의 근심은 내가 먼저 걱정하고, 세상의 즐거움은 가장 나중에 누리련다."

청나라 때 대학자 염약거閻若璩는 어렸을 때 둔재로 유명했다. 서당에서 글을 읽으면 백 번을 읽어야 대충 기억했다. 게다가 태어날 때부터 병약하여 어머니가 공부를 못 하게 했다. 하지만 공부를 하고 싶었던 염약거는 어머니 몰래 공부를 하려고 책을 볼 때마다 소리를 내지 않고 읽었다. 그렇게 공부하길 십 년, 어느 날 갑자기 글이 통하는 느낌이 들었다. 그리하여 예전에 봤던 책을 다시 꺼내 읽으니 막힘이 없었다. 아마도 그간 열심히 공부한 것이 쌓이고 쌓여서 순간적으로 막힌 부분이 뚫린 모양이다. 이 세상에는 스스로 어리석다고 핑계를 대는 사람도 있고 몸이 안 좋아 공부할

수 없다고 둘러대는 사람도 있던데 여하튼 염약거 같은 사
람도 있었다는 것을 알려 드린다.

암송

시를 지으려면 고금의 시인 작품을 많이 암송해야 한다.
비단 시뿐 아니라 다른 분야도 마찬가지다.

「시필」試筆

이 말은 송나라 정치가이자 문장가인 구양수가 한 것으로, 그는 시를 짓든 글을 쓰든 고금의 명작을 많이 읽고 암송해야 한다고 했다. 대문호가 한 말이니 참고할 만하다. 중국의 옛 시나 글 또는 옛 책을 '읽는다'라고 할 때 그 '읽음'에는 여러 가지가 있다. 눈으로 읽는 것, 입으로 중얼거리며 읽는 것, 큰 소리로 낭독하는 것 등이다. 눈으로 읽는 것이 간看이나 관觀이고, 입으로 중얼거리는 것은 독讀이고, 큰 소리로 낭독하는 것이 송誦이다. 구양수가 말한 암송暗誦은 큰 소리로 낭독하면서 외우는 것이다.

중국의 옛 시나 글은 글자 하나에 담긴 뜻이 깊고 단음절이지만 여운이 길게 이어진다. 그러므로 반드시 큰 소리로 리드미컬하게 낭송해야만 단단히 기억되고 아울러 그 뜻을 깨달아 맛을 느끼게 된다. 그런 리듬과 뜻과 맛을 모르면서 무슨 시와 글을 짓는단 말인가. 구양수가 암송을 요구한 것도 그런 이유 때문이다. 그러므로 고금의 명작을 많이 읽고 암송하면 중국의 옛 책을 읽는 데 아주 수월해진다.

암송 이야기만 나오면 떠는 사람이 있다. 기억력이 나빠서 힘들다고 하소연을 하거나 핑계를 대기도 한다. 송나라 때 정치가 사마광司馬光도 기억력이 형편없었다.

사마광이 어렸을 때 일이다. 기억력이 나빠서 함께 공부를 해도 다른 형제는 이미 암송하여 놀고 있었지만 그는 혼자 방구석에 틀어박혀 외울 때까지 붙잡고 늘어져야만 했다. 다만 힘들게 암송한 탓에 평생 동안 잊지 않았다. 사마광은 일찍이 이렇게 말한 적이 있다. "책은 암송할 정도로 숙독해야 한다. 혹은 말 등에서 혹은 한밤중에 잠이 안 올 때, 글을 읊으며 그 뜻을 새기면 얻는 바가 많다."

어린 사마광의 끈기가 대단하다. 끈기가 없는 분은 암송을 포기할 것인가? 청나라 때 정치가 섭승종葉承宗은 자신의 비법을 제시했는데 종이에 써서 벽에 붙이고 수시로 읽는 것이다.

나는 참 둔해서 기억력이 떨어진다. 그래서 책을 읽다가 마음에 드는 구절이나 단락을 만나면 종이에 써서 열 번 정도 낭송한 후에 벽에 붙여 놓는다. 이런 식으로 하루에 적어도 예닐곱 장 많으면 열 장 남짓을 적어 벽에 붙인다. 책을 덮고 산보를 나갈 때 벽에 붙은 종이를 서너 번씩은 읽어 본다. 건성으로 읽지 않고 한 자씩 또박또박 읽어 숙달되도록 노력한다. 벽에 종이가 가득 차면 첫날 붙인 것을 떼어서 상자에 보관한다. 이어서 떼어 낸 자리에 새로운 글을 붙인다. 이런 식으로 하루도 빠짐없이 계속한다. 그렇게 일 년만 하면 종이가 많을 때는 삼천 장이 되고, 수년간 하면 종이가 상자에 가득 찰 것이다. 그저 훑어보고 지나가는 사람은 그림자나 메아리를 잡는 것과 같으니 조금만 시간이 지나면 흔적도 없이 기억에서 사라진다. 그러느니 나처럼 티끌 모아 태산을 만드는 편이 더

낫지 않겠는가.

지금은 수첩을 이용해도 좋고 스마트폰으로 해당 부분을 메모하거나 캡처하여 틈이 날 때마다 읽는 것도 괜찮을 것 같다. 암송으로 좋은 자리에 취업한 사람도 있었다.

송나라 채蔡 아무개 재상 때 일이다. 두 사람이 특채를 원했는데 마침 좋은 자리가 하나 나왔다. 두 사람 모두 그 자리를 원했고 또한 뒤에서 밀어 주는 사람도 있었다. 재상은 난처해져 두 사람을 향해 물었다. "노동盧소의 「월식시」月蝕詩▶를 암송하는 분 계시오?" 말이 떨어지기 무섭게 그중 한 사람, 나이가 지긋한 노인이 마치 물을 항아리에 쏟아붓듯 우렁차게 시를 읊으니 자리에 있던 사람이 모두 감탄했다. 재상이 기뻐하며 그에게 특채 자리를 주었다.

▶당나라 시인 노동(盧소)의 「월식시」(月蝕詩)는 1,677자에 이르는 대작으로, 괴이하고 파란만장한 내용이라 쉽게 외울 수 있는 시가 아니다.

메모의 힘

장재張載 선생이 말했다. "깨달은 바가 있으면 곧 적는다.
그렇게 기록하여 기억하지 않으면 생각이 막힌다."
나도 책을 읽다가 깨달음이 있으면 곧 적었다. 생각이
막힐 것에 대비하는 것이다.

『독서록』讀書錄 「서」序

책을 읽다가 깨달은 바가 있다거나 새로운 이야기를 누구
한테서 들었을 때 수첩이나 쪽지에 메모해 놓으면 기억에도
도움이 되고, 그 메모가 기초가 되면 비슷한 문제나 관련된
자료를 보았을 때 주목하게 된다. 송나라 때 철학자 장재가
그랬듯 명나라 때 대신이자 교육가였던 설선薛宣도 그랬다
는 말이다.

종이가 없던 시절에는 어떻게 메모했을까? 한나라 때 동알董謁이라는 사람의 이야기가 전설처럼 전해진다.

동알은 희귀한 책을 좋아하여 보기만 하면 바로 손바닥에 적었다. 귀가하여 손바닥에 썼던 글을 대나무에 옮겨 놓고는 혀로 손바닥을 닦았다. 혀는 까매졌고 손바닥은 엉망이 되었다. 사람들은 동알을 가리켜 손바닥에 기록하고 혀로 배우는 사람이라 놀렸다.

필기할 곳은 죽간竹簡이 아니면 비단이던 시절인데, 죽간은 무거워 휴대하기 힘들었고 비단은 귀했기에 손바닥에 썼을 것이다. 종이는 발명된 후에도 흔한 물건이 아니었다. 그런데 송나라 때 안수는 재상까지 지냈지만 특히 검소했다.

안수는 평소에 폐기해도 될 편지나 공문서 용지를 단 한 장도 버리지 않고 모두 모아서 글씨를 썼다. 설령 봉투라 하더라도 버리지 않고 열 장 백 장을 포개어 모아 놓았다. 틈이 나면 스스로 다리미를 들고 불을 넣어 뜸을 뜨듯 종이를 손수 다려서 편 후에 쇠자로 책상에 눌러 놓았다. 책을 읽다가 적을 일이 있을 때는 봉투를 가져다가 썼다. 그렇게 다 쓰면 표기하여 분류하고 부하 직원에게 정서하도록 했다.

요즘으로 말하자면 메모지에 깨달은 바를 필기한 것이다. 그런 메모를 정리하여 책으로 묶어 내기도 한다.

육유陸游가 사마광의 메모에 관해 말한 적이 있다. 사마광은 새로운 이야기를 들으면 곧 적어 놓았고 아울러 누가 말했는지도 밝혀 적었다. 근자에 파양鄱陽 출신의 사관 동초정董草庭도 역시 그리한다. 나 오방與枋도 그들을 따라 하기 시작했는데 무릇 귀로 듣고 눈으로 보고 입으로 읊고 머리로 이해한 것을 그때마다 적어『야승』野乘으로 엮었다.

육유나 사마광은 송나라 때 사람으로 작품이 많이 남아 전해 오지만 송나라 말기 문인 오방의『야승』은 그사이 사라져 버려 아쉽다. 메모의 질이 높아지면 명작이 탄생하기도 한다. 청나라 사상가 고염무顧炎武는『일지록』日知錄을 탈고하면서 어떻게 메모했는지 스스로 밝혔다.

나는 어릴 적부터 책을 읽다가 깨달음이 있으면 곧 적어 두었다. 틀렸다 싶으면 수시로 바꾸고 고쳤다. 선현이 나보다 먼저 말했거나 지적한 내용이면 적은 것을 없앴다. 그런 식으로 삼십여 년을 작업하여 책으로 묶고, 자하子夏의 말씀에 따라 서명을 '일지록'日知錄으로 지었다.

'일지록'日知錄을 그대로 풀면, '매일 알게 된 것을 기록하다'라는 뜻이다. 공자의 제자 자하가 무슨 말을 했기에 그 말씀에 따라서 서명을 붙였다는 것일까? 『논어』에 자하의 말이 기록되어 있는데 이런 내용이다. "전에는 몰랐던 지식을 매일 새롭게 알게 되고, 이미 알았던 지식을 매달 잊지 않는다면, 배움을 좋아하는 사람이라고 할 만하다." 고염무는 삼십여 년간 매일 공부를 했고, 몰랐던 사실을 알게 되면 그때마다 메모했다. 그런데 계속 공부를 해 나가다가 보면 예전의 메모가 틀렸음을 발견하기도 한다. 틀렸음을 알았으니 또 새로운 것을 알게 된 셈이다. 그러면 그때마다 즐겁게 수정한다. 한편 계속 공부해 나가다 보면 내가 새롭게 발견한 사실인 줄 알았는데 실은 이미 선현이 언급한 내용일 수도 있다. 또 새로운 것을 알게 된 셈이니 즐겁게 그 메모를 버린다. 그렇게 보면 『일지록』에 남은 내용은 대부분 독창적인 견해가 아니겠는가. 위대한 저서는 이처럼 메모로부터 시작되었다.

조기교육의 의미

공부는 어릴 때 해야 한다. 나이가 들면 공부하기
힘들다. 그러나 나이가 들었다고 노력하지 않을 수는
없다.

『둔음잡록』鈍吟雜錄

청나라 시인 풍반이 한 말이다. 공부를 왜 어릴 적부터 시
켜야 한다고 하는가? 남북조 시대 의학가이자 문학가인 갈
홍葛洪은 그 이유를 이렇게 설명했다.

아마도 어린이는 단순하고 집중하기에 잊어버리지 않는다.
성인은 복잡하고 산만하기에 잘 잊는다. 그러므로 공부는 어

릴 때 시켜야 한다. 무엇을 전공할지는 적성에 따르면 되니 자연스럽게 할 일이다.

남북조 시대 유명한 정치가 안지추顔之推도 『안씨가훈』顔氏家訓에서 자기 자신을 예로 들어 조기 교육의 중요성을 설명했다.

어렸을 때는 정신을 집중하지만 나이가 들면 정신이 산만해진다. 그러니 공부는 어릴 때 시켜야 하며 때를 놓쳐서는 안 된다. 내가 일곱 살 때 「영광전부」靈光殿賦를 암송했는데 지금까지 그저 십 년에 한 번씩만 훑어봐도 여전히 줄줄 외운다.

엄복嚴復은 서양의 중요한 서적을 중국어로 옮겨서 근대 중국인의 세계관에 충격을 주었다. 전통과는 작별했을 법한 엄복이건만 중국 고전은 어릴 적에 가르쳐야 좋다고 주장했다.

가난한 집이라도 어릴 적에는 애들을 서당에 보내 옛글을 가르쳤다. 한자가 어렵고 뜻이 심오함을 모르는 바가 아니고, 어린 학동이 이해하기 힘들다는 바도 모르지 않지만 그래도 가르쳤던 것은 마치 집에서 할아버지의 얼굴을 여하튼 못 본 척할 수는 없는 것과 같다. 학동이 점차 나이가 들어가 지식이 쌓이면 어릴 적 읽었던 글이 하나둘씩 이해될 것이다.

사서四書와 오경五經도 마찬가지다. 지식인이라면 읽지 않을 수 없는 고전인데, 이때 가르쳐서 몇 마디라도 외우게 해 놓자는 것이다. 뜻을 이해하면 좋고 이해하지 못해도 그냥 넘어가면 된다. 나이가 들고 학식이 넓어지면 그때 가서 다시 좀 공부하면 다 이해가 될 테니 걱정할 필요가 없다. 게다가 어릴 적에 암송하면 기억력을 단련하는 효과도 있다. 기억력 단련은 교육 중에서도 가장 중요한 항목이다. 어릴 적에 무턱대고 뜻도 모르고 외운 것이 전혀 없으면, 나중에 커서도 그런 고전과는 인연이 멀어진다. 일단 읽어 놓고 나중에 천천히 이해하면 별 문제가 없다.

이해하든 말든 일단 어릴 때 고전의 몇 마디라도 외우게 해 놓아야 좋다는 말이 다소 충격적이지만 나의 경험에 비추어 볼 때 전혀 사실무근은 아니다. 나도 서너 살 때 할아버지 무릎에 앉아 『천자문』을 배웠던 기억이 어렴풋이 난다. 무슨 뜻인지도 모르고 그저 할아버지가 불러 주는 대로 흥얼거렸지만 나이가 들어가면서 한자와 한문이 반가웠고 결국 그런 것들이 운명처럼 평생의 업이 되었기에 말이다. 다만 아이들이 싫어하는데 억지로 시킬 필요는 없다.

오냐오냐 다 받아 주고 곱고 귀엽게만 키운 자식이 나중에 불효하고 사고치는 예를 너무도 많이 보았다. 그래서인지 송나라 때 정치가 유청지劉淸之의 다음 권고는 아이를 키우는 부모라면 깊이 생각해 볼 문제이다.

독서보다 더 큰 즐거움은 없다. 자식 교육보다 더 중요한 것은 없다. 아버지는 아들을 소소한 사랑으로 대해서는 안 된다. 어릴 때부터 위엄으로 다스려 예의 바르게 키우면 나중에 커서 문제아가 되지 않는다. 자식을 가르칠 때는 다섯 가지에 유념한다. 타고난 성품에 맞게 가르친다. 포부를 크게 갖도록 한다. 장점을 최대한 키워 준다. 용기를 북돋아 준다. 단점을 고치도록 도와준다. 이 다섯 가지 중 어느 하나도 빠뜨려서는 안 된다. 자식을 키우는 것은 난초를 키우는 것과 같다. 공부로 성장시키고 선행으로 윤기 나게 한다. 자식이 선행을 많이 볼 수 있도록 해 주고 세속의 이익과 유혹에 빠지지 않도록 주의한다. 부잣집 아이는 정의감이 있도록 가르치고, 가난한 집 아이는 염치가 있도록 가르친다. 자식이 바르게 크느냐 여부는 부모한테 달린 것이고, 빈부와 귀천은 하늘에 달린 것이다. 세상 사람들은 부모한테 달린 문제를 걱정하지 않고 하늘에 달린 문제만 걱정한다. 생각이 틀린 것이다.

아이의 지식뿐 아니라 인성까지도 신경 써야 한다는 말이다. 특히 부잣집 아이와 어려운 집 아이에게 강조해야 할 덕목이 참으로 의미심장하다.

잔소리

한나라 고조 유방이 태자에게 글을 써서 보냈다. "나는
난세에 살았는데 마침 진秦나라 정부가 명을 내려
백성들이 책을 소장하는 것을 금했다. 나는 즐거웠다.
책을 읽지 않아도 되었기 때문이다. 그런데 내가 막상
황제가 되자 독서의 필요성을 알았다. 책을 읽으니
성현의 뜻을 알게 되었고 예전에 내가 했던 행동이
대부분 잘못되었음을 깨달았다." 유방이 또 글을 써서
태자에게 보냈다. "내가 글씨를 배우지 못해 악필인데
지금 네가 쓴 글을 보니까 나보다도 못하구나. 앞으로
나한테 글을 써서 올릴 때는 반드시 스스로 써라.
남의 손을 빌려서는 안 된다."

『독서지관록』讀書止觀錄

본인은 책을 읽지 않아도 자식이나 학생에게는 독서를 권
한다. 부모나 교사가 솔선수범해도 될까 말까 한데 말이다.
어른들의 잔소리는 예나 지금이나 별 차이가 없다. 청나라
때 정치가 육롱기陸隴其의 잔소리를 들어 보자.

하루에 두 시간에서 네 시간 정도 잡아서 이미 읽었던 책을 복습해라. 무조건 새로운 내용만 읽을 일이 아니다. 예습과 복습을 겸하는 편이 좋다. 지금 스승이나 학우 없이 혼자 공부하고 있으니 스스로 공부 일정을 정하고 그대로 실천해야 허송세월하지 않는다. 노력해라, 노력해라. 물론 무리하지는 말아라. 공부란 것이 여유를 가지고 음미하듯 해야 매일 꾸준히 할 수 있고 또한 정신적으로도 지치지 않는다는 점도 기억해라.

자제에게 당부하는 말인데 잔소리가 대단하다. 열심히 하라고 다그치고는 또 무리하지 말라고 하니 어쩌란 말인가. 하지만 생각해 보면 열심히 공부하길 바라면서도 또 한편으로는 행여 무리하지나 않을까 걱정하는 부모의 마음이 느껴지지 않는가. 아무튼 독서나 공부는 역시 스스로 깨달아 자발적으로 하는 것이 맞다. 명나라 때 문학가 원굉도袁宏道가 고백한 이야기를 들어 보자.

최근에 비로소 공부를 시작했다. 정신을 집중하여 구양수, 소순蘇洵, 증공曾鞏, 진량陳亮, 육유 등 선현의 문집을 보았다. 글을 한 편 읽을 때마다 가슴이 뛰고 입이 떡 벌어졌다. 나는 무식한 놈이었던 것이다. 하지만 나는 성격이 차분하지 못하여 책을 끝까지 읽기도 전에 이미 말을 대령하라 하고 젊은 친구들을 불러 놀러 나가곤 했다. 경치 좋은 곳에 가면 종일토록 놀았다. 귀가하면 자책하는데 완고하고 우둔하기가 이런 식이니 무엇을 이루겠는가. 그리하여 하녀에게 나를 감시하여, 책을 읽다가 조금만 졸면 바로 질책하라고 했다. 귀를 당기거나 머리를 치거나 코를 잡거나 여하간 속히 깨어날 때까지 하라고 했다. 내가 시킨 대로 하지 않는 하녀는 벌을 주어 혼냈다. 이런 식으로 오래 하니까 점차 습관이 들어 힘들어도 책을 읽을 수 있었다. 독서로 선현의 숨은 뜻을 어쩌다 하나둘 깨우치면 곧 소리를 지르며 뛰어오르는 것이 마치 목마른 노루가 샘물로 뛰어가는 것 같았다. 조조曹操가 말하였다. "늙어서도 배움을 좋아하는 자는 오로지 나와 원유袁遺뿐이다." 책을 읽는다는 것이 역시 쉬운 일은 아니다.

나이 들어서 회고하는 내용이다. 젊어서 마음을 잡으면 참으로 좋으련만 그게 어디 맘대로 되는가.

명예는 팔자소관

명필은 내 힘으로 될 수 있으나, 명필로 이름이
나는 것은 다른 사람이 이루어 준다.

『반란대집』班蘭臺集 「여제초서」與弟超書

한나라 반고班固가 아우 반초班超에게 보낸 편지에서 언급
한 말이다. 반고는 『한서』를 지은 역사가인데 붓글씨에도
조예가 깊어 당시 초서草書를 잘 썼던 백장伯張을 칭찬하며
이렇게 소회를 밝혔다.

서예를 비롯한 모든 예술의 시작은 쉽다. 그러나 한 경지
를 이루려면 각고의 노력을 오랫동안 기울여야 한다. 그렇

게 하여 높은 수준에 도달했다고 해도 꼭 유명해지는 것은 아니다. 사회적으로 인정을 받고 명성을 누리려면 다른 사람들이 칭찬해 줘야 한다. 그러므로 명필의 경지는 나의 노력으로 가능해도 명필의 명성은 남이 띄워 줘야 가능하다고 말한 것이다.

인품이나 실력만큼 세상에서 인정받는가? 꼭 그렇지는 않은 모양이다. 그렇기에 사마천司馬遷도 『사기』史記 「백이열전」伯夷列傳의 마지막 단락에서 이렇게 소회를 밝혔다.

백이伯夷와 숙제叔齊의 고매함은 공자의 칭찬 한마디로 그 명성이 더욱 드러났다. 안회顔回는 비록 배움을 좋아했지만 천리마의 꼬리에 붙었기에 독실한 행동이 더욱 멀리까지 전해졌다. 심산유곡에 은거하며 고결하게 살아가는 이가 설령 백이와 숙제 그리고 안회처럼 언행이 고매하고 독실하다 하더라도 그 이름이 묻혀 세상 사람이 몰라주는 경우가 많아 애통하기 그지없다. 일반 사람으로서 학문과 덕행을 닦아 마침내 대성했다 해도 공자와 같은 사람의 단 한 마디 추천을 받지 못한다면 어떻게 후세에 그 이름을 전할 수 있으리오.

이런 것을 일러 세상을 좀 산 어른들은 종종 '팔자'八字라고 말한다. '사주팔자'의 그 '팔자' 말이다. 팔자를 믿는 것이 나쁠까? 꼭 그렇지는 않은 것 같다. 오대五代 후주後周 시기부터 북송北宋 초년 사이에 재상을 지냈던 범질范質의 경우를 보자.

범질은 공무원이 된 이후로도 손에서 책을 놓은 적이 없었다. 틈만 나면 책을 읽으면서 했던 말이 있다. "도사가 나한테 훗날 크게 될 거라고 말한 적이 있다. 그 양반 말대로 되려면 내가 실력이 없어서야 되겠는가?"

자기 암시나 최면으로 간주할 수도 있겠으나 긍정적이고 낙관적으로 생각한 것이니 나쁠 것도 없다. 한편 남북조 시대 남조 송나라의 명장이었던 심유지沈攸之는 노년에 독서에 빠져 이렇게 한탄했다.

잘되고 못 되는 것이 다 팔자소관임을 진작 알았더라면 젊었을 때 한 십 년 잡아서 책을 읽었을 것을, 그리 못한 것이 한이로구나.

서점에서 공부하기

왕충王充은 가난하여 책이 없었으나 낙양洛陽의 서점가에
자주 들러 책을 읽었다. 한 번만 훑으면 암송할 수
있었기에 마침내 온갖 학문에 통달하게 되었다.

『후한서』後漢書「왕충전」王充傳

왕충은 한나라 후반기의 학자이다. 어릴 적에 아버지를
여의고 힘들게 살았다. 가난하여 책 한 권을 살 형편이 안
되었다. 공부라는 것이 누워서 떡 먹기라면 누군들 공부하
지 않겠는가. 예나 지금이나 공부는 쉬운 일이 아니다. 그
러니 빈궁하여 책 살 돈마저 없다면 공부하기 싫은 사람에
게는 이보다 더 좋은 핑곗거리가 없겠다. 아닌 말로 책 살

돈도 없는 마당에 공부는 무슨 공부인가 말이다. 그런데 왕충은 좀 달랐다. 서점에 수시로 들른 것이다. 더욱 놀라운 점은 불가사의한 기억력인데 눈에 스치기만 하면 다 암송했다고 한다.

왕충은 부패한 정치에 환멸을 느껴 관직에 연연하지 않고 낙향하여 저술에 매진했다. 그리하여 써낸 책이 『논형』論衡이다. 당시는 물론이고 그 이후로도 오랫동안 『논형』만큼 미신을 배격하고 과학을 강조한 책도 드물었다.

한두 가지 예를 들어 보겠다. 춘추 시대 초나라 혜왕의 수라상에 거머리가 한 마리 들어 있었다. 왕은 모른 체하고 거머리를 집어 삼켰다. 문제 삼으면 주방장은 죽은 목숨이기 때문이다. 그런데 거머리를 먹은 왕은 별 탈이 나지 않았고 오히려 그간 고생하던 복통마저 나아 버렸다. 나중에 사실을 알게 된 사람들은 하늘이 혜왕의 관대함에 감동하여 만성 복통마저 낫게 해 줬다고 여겼다. 그러나 왕충은 그리 생각하지 않았다. 거머리가 열에 약하고 사람의 배로 들어가 죽었기에 무사히 항문으로 배출되었다고 분석했다. 아울러 왕이 그간 복통에 시달린 이유는 배 속에 상한 피가 고인 탓인데 마침 거머리가 살아 있을 때 그런 피를 모조리 빨아 먹었기 때문에 복통도 나은 것이라 이해했다. 이 현상이 왕의 선행이나 관대함과는 무관한 일이라 결론을 내린 것이다.

한편 벼락에 맞아 죽은 이가 있었다. 사람들은 죽은 이가 생전에 못된 짓을 많이 했기에 하늘이 천벌을 내린 것이라 믿었다. 그러나 왕충은 그리 여기지 않았다. 죽은 이를 우선 면밀히 살폈다. 유심히 관찰하니 머리카락이 불에 탄 흔적이 역력했고, 몸에서도 불에 탄 냄새가 역하게 풍겼다. 이에 왕충은 다음과 같이 결론을 내렸다. 벼락이 떨어지기 전에는 번개가 먼저 치는데, 번개는 불이 번쩍이는 것이다. 따라서 벼락은 곧 불덩어리이고, 죽은 자는 그 불덩어리에 타 죽었을 따름일 뿐 천벌이니 그런 것은 없다. 왕충은 서기 1세기 때 사람이다.

후일담이다. 지금의 절강성 회계 사람인 왕충이 쓴 『논형』이 중원 지역까지 알려진 것은 세월이 좀 흐른 뒤였다. 그사이 서기 2세기 사람 채옹蔡邕이 절강성에 갔다가 『논형』을 발견했고 그 내용에 매료되었다. 채옹은 이 책을 독차지하고자 세상에 공개하지 않았다. 중원의 친구들이 비약적으로 발전한 채옹의 학문을 의아해하며 그의 처소를 뒤졌더니 『논형』을 발견했다는 이야기다. 그 뒤로 회계 태수로 부임한 왕랑王朗이 또 『논형』을 보게 되었다. 왕랑의 학문이 일취월장하자 이런 말이 돌았다. "숨은 고수를 만났거나 숨

겨진 대작을 읽었을 것이다." 알아보니 과연 『논형』을 읽은 덕분이었다. 갈홍의 『포박자』抱朴子에는 이런 내용도 있다. "친구들이 채옹의 방에서 『논형』을 발견하자 일부를 떼어 갔다. 채옹이 알고는 당부했다. 세상에 퍼뜨리지 말고 우리끼리만 알자고."

요즘은 편히 앉아 책을 읽을 수 있게끔 의자나 소파까지 비치해 준 서점도 있다. 게다가 마을마다 있는 공공도서관은 무료 아닌가? 현대판 '왕충'이 많이 나오길 기대한다.

다양한 집중법

방효유方孝孺 선생이 말했다. "내가 어릴 적부터
책 읽기를 좋아했다. 열 살이 넘었을 때는 하루 종일
방 안에 앉아 문을 나서지 않았다. 책 속의 뜻이 마음에
닿아 정신이 흡족하고 마음이 유쾌해지면 밖에서
풍악 소리가 흥겹게 울리든 비바람이 거세게 몰아치든
들리지 않았다."

『도암집』陶菴集

　　명나라의 학자이자 정치가 방효유는 부모가 다그쳐서 공
부한 것도 아니고 어려서부터 스스로 독서를 좋아했다니 참
으로 기특하다. 게다가 독서에 어찌나 몰입했는지 밖에서
노랫소리가 울리고 폭풍우가 몰아쳐도 들리지 않았다니 그
집중력이 또한 대단하다. 그로부터 이십여 년 뒤 명나라의
무장 황순요黃淳耀는 방효유의 말에 공감했는지 이렇게 말

했다.

노랫소리나 폭풍우를 느끼지 못할 정도로 독서에 집중해야 비로소 책의 맛을 볼 수 있다.

그런데 방효유나 황순요는 특별한 경우이고 어린이는 대부분 산만하다. 지금 어린이만 그런 것이 아니라 옛날 어린이도 마찬가지였다. 청나라 때 학자 장이상이 친구와 나눈 대화를 음미해 보자.

친구가 물었다. "어린 학동을 가르칠 때 산만한 마음을 집중시키려면 외우는 공부가 좋긴 한데 마냥 외우기만 시키니까 또한 실력이 별로 느는 것 같지 않아서 고민이네. 어쩌면 좋겠나?" 이에 내가 대답했다. "다양한 방법으로 정신을 집중시키도록 노력해 보게. 어린이는 정신을 집중할 수만 있으면 실력은 자연히 늘게 되어 있다네. 적당한 사례를 들어서 주제가 무엇인지 물어보고, 문제를 내어 풀어 보게 하고, 대답하는 말을 유심히 듣고 공부하는 내용을 기억하는지 확인하고, 생각하는 바가 바른지 점검하는 따위지. 이런 것들이 산만한 마음을 잡는 방법이네."

무엇보다 이 방법은 어린이뿐 아니라 어른에게도 유용하다. 책이나 글을 읽을 때 주제가 무엇인지 생각하면서 읽어 보라. 그냥 읽는 것과는 결과가 판이하고 정신도 더욱 집중될 것이다. 또한 문제를 푸는 것은 읽은 내용을 이해하고 기억하는지 점검하는 과정이다. 그러므로 다른 사람이 출제한 문제를 풀어도 좋지만 스스로 문제를 내고 풀어 보는 것도 대단히 좋다. 실제로 해 보면 스스로 문제를 내기 위해 책이나 글을 거듭 꼼꼼히 읽게 된다.

한편 모든 공부는 '숨은 공부'가 있으면 더욱 좋다. '숨은 공부'란 무엇일까? 청나라 때 학자 고공경高拱京은 이렇게 설명했다.

책을 읽을 때는 겉으로 드러나지 않는 공부가 있어야 실력이 는다. 읽으면서 생각하는 것이다. 또한 앉아서 책을 읽었으면 한가할 때는 책의 내용을 떠올려 보고 밤에는 책의 내용을 따져 본다. 사람들과 어울릴 때도 정신은 책에 가 있어서 책의 내용과 핵심을 통달할 때까지 집요하게 물고 늘어진다. 이렇게 하는 것이 진짜 독서다. 그저 입으로만 책을 읽는 시늉을 하고 마음은 놀고 있다거나, 몸은 교실에 있으나 마음은 뽕밭에 가 있으면 그저 학비만 축내고 부모를 속이는 것이다. 그러니 부모는 공부가 쓸모없다고 여기게 된다. 그런 식으로 책을 읽는 것은 헛공부로서 읽지 않은 것과 같다. 그러니 독서는 좋아해야 한다. 좋아하면 꿀떡처럼 즐길 것이고 보물처럼 소중히 여길 것이다. 독서니 공부니 모두 그렇다.

공부를 바둑에 비유한 학자도 있다. 양명학의 창시자인 명나라 사상가 왕수인王守仁이 교백암喬白巖과 나눈 대화 한 토막이다.

예부상서 교백암 선생이 남경으로 가시는 길에 우리 집에 들러 공부에 관해 말씀을 나누었다. 내가 말했다. "공부는 집중이 중요합니다." 교백암 선생이 동의하셨다. "그렇다네. 내가 어릴 적에 바둑을 좋아했는데, 식음을 전폐할 정도였고 눈과 귀가 온통 바둑에 쏠렸다네. 그렇게 하길 일 년, 고향에는 적수가 없었고, 그렇게 하길 삼 년, 세상에 나를 당할 자가 없었다네. 뭐든 배우려면 집중이 중요하고말고."

속기와 싸움 바둑으로 유명한 프로기사 서능욱 9단은 기자의 질문에 이렇게 답했다.

문: 바둑 실력이 빨리 늘 수 있는 비법을 공개한다면?

답: 바둑은 좋아하는 만큼 빨리 는다. 바둑 애호도와 바둑 실력은 비례한다.

문: 중요한 얘기다. 하루에 수십 판씩 두지만 만년 바둑 5급인 분들도 있는데 어떤 경우인가?

답: 바둑을 좋아한다기보다 습관적으로 두는 케이스다. 바둑을 정말 좋아한다면 실력이 늘게 돼 있다.

바둑을 좋아하면 집중하게 되어 있고, 집중하면 늘게 돼 있다는 말씀이다. 산만한 사람은 공부든 독서든 잘할 수 없다. 놀고 싶은데 어떻게 공부나 독서에 집중할 것인가? 이 문제는 다음 이야기에서 계속하기로 하자.

놀 때는 놀기만, 공부할 때는 공부만

하루는 이연李埏이 나에게 말했다. 처음에 북경에서
선생님의 강의를 들을 때, 어찌나 박식하신지 우리
학생들은 모두 선생님이 종일 서재에서 책만 보시는 줄
알았습니다. 그 후 운남성雲南省 곤명昆明 의량산宜良山에
기거하실 때 찾아뵈었는데 역시 종일 연구하시어
저희 생각이 틀림없다고 믿었습니다. 그런데 절강성에
오셔서 절강대학에서 강의하실 때 준의遵義의 산수가
좋은 탓인지 그렇게 유람을 다니실 줄 몰랐습니다. 놀러
다니는 거 좋아하심이 저희보다 더하면 더했지 덜하진
않으시네요. 선생님의 새로운 모습을 보았습니다.

『사우잡억』師友雜憶 「준의강학기」遵義講學記

전목錢穆은 중국 근현대 최고 학자 중 한 명이다. 그의 제
자 이연이 절강성 절강대학에서 강의를 시작한 이듬해 전목
이 초빙교수로 같은 대학에 부임했다. 그런데 날씨만 좋으
면 스승이 그리 밖으로 유람을 다녔던 모양이라 이처럼 말
한 것이다. 이에 전목은 다음과 같이 대답했다.

책을 읽을 때는 오로지 책에만 집중하고, 산수를 유람할 때는 오로지 산수에만 집중한다네. 무엇을 하면 그에 빠져서 재미를 찾으니까 다른 잡생각이 없지. 『논어』 첫 구절에도 "배우고 수시로 익히니 기쁘지 아니한가!" 이런 구절이 있지 않은가. 배움에 집중하거나 몰두하지 않고서야 그 맛을 모를 테니 무슨 기쁨이 있겠는가. 공부만이 아니라 무슨 일이든 일단 하면 거기에 빠져서 다른 생각은 갖지 않는 것이 요점이라네. 책을 읽을 때는 책만, 놀러 갔을 때는 노는 것만. 그러면 공부도 재미있고 노는 것도 재미있다네. 그렇지 않으면 놀기도 제대로 못 놀고 공부는 더욱 괴로워지는데, 결국 둘 다 놓치는 것이 아니겠는가.

놀 때는 노는 데만 몰두하고, 공부할 때는 공부에만 몰두하라는 것이다. 더 쉽게 말하면 열심히 공부하고, 열심히 놀라는 것이다. 그런데도 여전히 정신이 산만하여 몰두할 수 없다는 분은 다음 글을 참고하시라.

양지楊至는 기억력이 좋지 않아 역사책을 서너 번은 읽어야 겨우 기억했는데 시간이 지나면 또 잊어버려 걱정이었다. 주자朱子가 건의했다. "처음에 읽을 때 몰두하여 정독하고 다시 안

볼 각오를 한다. 말하자면 이번 한 번만 읽을 수 있지 더 이상 읽을 기회가 없다고 여긴다면 기억될 것이다. 어느 선비 하나는 『주례』周禮의 소疏▶를 읽으면서 한 쪽을 다 읽으면 뜯어서 불사르고, 그다음 쪽을 다 읽으면 또 뜯어서 불살랐다. 강을 건넌 후 다시 돌아가지 않겠다는 각오로 배를 불살랐던 '분주계'焚舟計를 펼쳤던 것이다. 처음부터 설렁설렁 건성으로 읽으면서 나중에 서너 번 읽을 생각을 한다면 제대로 기억되지 않는다."

병법에만 배수진背水陣이 있는 것이 아니라 책을 읽을 때도 배수진이 있다. 정신이 산만하여 걱정인 분은 시험 삼아서 한번 해 보시길.

▶소(疏): 중국 고전은 어렵기 때문에 중국인도 설명을 참고하지 않으면 해독하기 힘들다. 여기서 어렵다는 의미는 시대가 흘러 제도도 바뀌었고, 예전에는 사용했으나 현재는 사용하지 않는 단어도 있고, 완전히 같은 단어라 하더라도 예전과 지금의 의미가 다를 수도 있다는 점에서 비롯된다. 따라서 이런 점을 해소하기 위해 중국에서는 역대로 고적(古籍) 해석 작업이 정부 주도하에 혹은 개인적으로 진행되었다. 이러한 해석을 여러 가지 이름으로 부르는데, 우리가 익히 알고 있는 것으로 주(注, 註)가 있으며 그 밖에도 소(疏), 전(箋), 해(解), 석(釋), 정의(正義), 집해(集解), 집주(集註), 전(傳) 색은(索隱) 등등 매우 다양하다. 명칭은 번잡하지만 모두 원문을 쉽게 읽을 수 있도록 설명한다는 점에서는 다름이 없다. 단지 어느 해석이 오래된 경우라면 그 해석을 다시 해석하는 설명이 있는데 이를 '소'(疏)라고 한다. 같은 해석이지만 혼동을 피하기 위해 이렇게 명칭을 달리한 것이다. 가령 『논어』를 예로 들면 삼국 시대 위(魏)나라의 하안(何晏)이 주(注)를 달았는데 그 하안의 주에 다시 남북조 시대 송나라의 형병(刑昺)이 소(疏)를 달았고, 그 뒤로 송나라의 주자(朱子)가 집주(集註)를 달았으며 그 뒤로 다시 송나라의 유보남(劉寶楠)이 정의(正義)를 달았다. 해설은 물론 지금도 이어지고 있다. 근자에 나온 책으로는 이령(李零, 리링)이 해설한 『집 잃은 개』(글항아리)가 읽을 만하다.

독서백편의자현

배우겠다고 찾아온 사람이 있었다. 동우董遇는 선뜻
가르쳐 주지 않고 이렇게 말했다. "돌아가서 반드시
백 번 읽으시오." 백 번 읽으면 절로 이해할 수 있다고
말한 것이다.

『삼국지』三國志 「동우전」董遇傳

내 대학 시절이 떠오른다. 당시 '고전한문강독'을 강의하
던 교수님이 수업 시간에 하신 말씀이다. 그때 교수님은 한
나라 말의 학자인 동우를 언급하지는 않았지만 동우가 한
말을 이렇게 칠판에 쓰셨다. "讀書百遍義自見."(독서백편의자
현) 그리고 글을 백 번 읽으면 뜻이 절로 드러난다는 말이라
고 설명했다. 문장에 나온 '見'은 보통 '견'으로 읽지만 여기

서는 '드러날 현現'의 뜻이므로 '현'으로 읽는다고도 알려 주셨다.

철이 없던 시절이라 중국 전통의 교육법은 참으로 무식하구나 싶었다. 모르는 내용을 백 번 읽는다고 그 뜻이 이해될리가 없지 않나. 그래서 저 말이 사실인지 아닌지 확인하고자 중국 고전 한문을 백 번 읽어 보기로 했다. 당시 교재는 『중국역대산문선』이었고, 첫 작품은 중국 전국 시대 애국 시인 굴원屈原의 「어부사」漁父辭였던 것으로 기억한다.

"굴원기방, 유어강담"屈原旣放, 遊於江潭으로 시작되는 문장을 오십 번을 읽어도 뜻이 드러나지 않았다. 이런 식으로 읽어 봐야 소용이 없겠다 싶어서 옥편玉篇을 펼쳤고 「어부사」의 한 글자 한 글자를 다 찾아 무슨 뜻인지 확인했다. 한자漢字한 자마다 무슨 뜻이 그리도 많은지 도대체 어떤 뜻을 적용해야 할지 몰라 답답했다.

그렇게 다시 열 번 스무 번을 읽자 불현듯 드는 생각이 있었다. 이것도 여하튼 사람이 쓴 글인데 무슨 뜻이든 간에 말이 되게 썼을 것 아닌가. 그렇다면 말이 되게 연결해 보자 싶었다. 그리하여 각 한자의 뜻을 바탕으로 뜻이 통하게 풀이해 보았다. 이런 식으로 또 열 번 스무 번 읽다 보니 신기한 일이 벌어졌다. 문장의 뜻이 어렴풋이 연결되기 시작하여 군이 백 번을 읽지 않았는데도 그 작품의 내용이 대략이나마 파악되었다. 한자는 형태의 변화가 없어 의미와 품사가 문장 속의 위치와 역할에 따라 결정된다는 것도 그때 얼핏 알았다. 결국 글을 백 번 읽으라는 것은 무작정 백 번만 읽으면 통한다는 말이 아니었다. 온갖 노력을 다하여 백 번이고 천 번이고 뜻을 연결해 보라는 의미였다.

일단 뜻이 연결되어 내용을 대략 짐작했으면 숙달되게 읽어서 뜻을 정확히 파악해야 하고, 뜻을 정확히 파악했으면 이제 글의 세세한 맛까지 느껴야 하니 암송할 정도로 읽으면 좋을 것이다. 기억력이 좋지 않은 자라도 설마 일만 번을 정독하면 외우지 못할까? 청나라 때 학자 포세신包世臣의 「장동자전」張童子傳에 다음 이야기가 나온다.

어린 장張 군은 열두 살로 나랑 동갑이었다. 서재에 고서가 일백여 권 보였는데 거의 다 읽은 듯했다. 장 군이 말했다. "독서는 이 책 저 책 읽어서는 무익하다. 나는 하루에 이천 자씩 읽는데, 세 번을 읽으면 외우고 다섯 번 읽으면 상당히 숙달된다. 그러나 흡족하다 싶은 부분은 틈날 때마다 읊조리며 보통 수천 번까지 읽어서 스스로 그 뜻이 드러나게끔 한다. 주석이나 해설은 그다지 믿을 게 못 된다." (……) 내가 열다섯

살 이후 「과진론」過秦論, '고시 십구 수'古詩十九首를 모두 일만 번
가량 읽었더니 점차 깨닫는 바가 있었다. 내가 이런 말을 하
는 것은 실은 장 군으로부터 비롯된 것임을 느끼고 있다. 이
에 장 군의 전기를 써서 그 대략을 전하며 그의 주장을 내가
사사로이 독점하지 않고자 한다.

혹시 한문 공부를 시작하려는 독자가 있다면 이런 경험담
을 참고하기 바란다.

복습은 벗을 사귀듯

새로운 책을 읽느니 읽었던 책을 다시 읽어라.

『유몽영』幽夢影

송나라 때 진사도陳師道가 작품을 들고 증공曾鞏을 처음 찾아갔다. 풋내기 작가가 문호를 찾아가 지도를 부탁한 것이다. 증공이 작품을 훑어보곤 물었다. "『사기』는 읽어 봤는가?" 진사도가 말했다. "어릴 적부터 읽었습니다." 증공이 말했다. "그것 가지고는 안 되네. 일단 다른 책은 다 치우고 『사기』만 이삼 년 숙달되게 정독하게." 진사도는 증공의 말대로 했다. 그 후로 작품을 들고 증공을 다시 찾아갔다. 증공이 작품을 훑어보고 말했다. "이 정도면 되었네."

증공은 왜 진사도에게 『사기』만 이삼 년을 읽으라고 했을까? 『사기』의 문장 정도면 최상급이니 굳이 이 책 저 책 잡다하게 읽으려 하지 말고 예전에 읽은 책을 더욱 숙달되게 정독하라는 뜻이었을 것이다. 어느 정도 숙달되게 복습해야 할까? 둘도 없이 절친한 벗처럼 가까워야 도움이 된다고 명나라 때 학자 도석령陶奭齡은 말했다.

자식들이 독서하는 것을 보면 이것저것 많이 읽으려고만 하지 무엇 하나에 집중해서 깊게 파고들지 않는다. 그러니 매번 질문을 하면 다들 말문이 막힌다. 하여 자식들에게 이렇게 가르친 적이 있다. "사람 사귀는 것과 같다. 평소에 서로 진심을 터놓고 대하고 격의 없이 지내며 끈끈한 정으로 아교처럼 붙어서 틈이 전혀 없을 지경이 되면, 위급한 일이 생겼을 때 자연히 큰 힘이 되어 준다. 그런데 그저 일면식으로 지내면 평소에야 술 마시고 놀자고 하면 얼른 오겠지만 일단 일이 생기면 팔을 휘젓고 고개를 돌리며 가 버린다."

절친한 벗처럼 가까워야 도움이 된다니 구체적으로 어떤

경지에 이르러야 된다는 것일까? 이에 대한 해답의 하나를 청나라 때 사상가 여유량呂留良이 제시했다.

독서의 요령은 달리 비결이 없다. 있다면 그저 숙달되게 숙독할 따름이다. 숙독이란 그저 입으로만 외우는 것이 아니라 거기에 푹 빠져서 고인의 글이 마치 내 손으로 쓴 듯, 심지어 잠꼬대로도 줄줄 외워 댈 정도를 말한다. 이런 식으로 공부할 글은 굳이 많을 필요가 없다. 그저 수십 편에서 일백 편 정도면 평생을 쓰고도 남을 것이다.

나도 한때 학생들에게 『당시삼백수』唐詩三百首에서 30수, 『고문진보』古文眞寶에서 10편 정도만 뽑아서 숙달되게 읽고 암송하면 중국어 공부가 몇 단계 업그레이드된다고 강조했다.

송나라 때 학자 이동李侗이나 주자朱子는 독서를 곰탕에 비유하기도 했다. 처음에는 센 불로 일단 한소끔 끓이고 이어서 약한 불로 계속 고아 주듯 반복해서 자꾸 음미해야 한다고 했다. 원나라 때 유학자 후균侯均은 능숙하게 암송할 때까지 반복하여 책을 읽었는데, 심지어 이렇게 말하기도 했다. "책은 천 번을 읽지 않으면 결국 나에게 도움이 안 된다." 복습의 결정판이다. 중국 근현대의 대학자인 장병린章炳麟도 숙달되도록 복습하는 것이 왜 중요한지 이렇게 설명했다.

동우가 이런 말을 했다. "책을 백 번 읽으면, 뜻이 스스로 드러난다." 지금까지 세상에 나온 책이 얼마나 많은가. 박식한 자가 쓴 책이라도 막상 읽어 보면 글에 조리가 없어 횡설수설하는 경우가 많다. 그와는 반대로 독서량이 많지 않은 자인데 그가 쓴 책을 읽어 보면 오히려 박식한 자보다 더욱 조리가 있고 잘 쓰는 일도 있다. 그 이유는 간단하다. 전자는 엄벙덤벙 다독한 탓이고, 후자는 동우의 말을 실천했을 뿐이다.

문고본

소균蕭鈞은 항상 오경五經을 작은 글씨로 손수 베껴
썼는데, 한 권으로 만들어 서랍에 넣어 놓고 생각나지
않을 때마다 꺼내 보았다. 시독侍讀(제왕이나 태자의 독서를
도와주는 관직) 하개賀玠가 여쭈었다. "전하의 서재에
책이 다 있는데 굳이 모기 머리만 한 잔글씨로 오경을
필사하여 서랍에 넣어 두십니까?" 소균이 대답했다.
"서랍에 오경이 있으면 찾아 읽기도 쉽고, 또한 직접
손으로 베껴 쓰면 기억되기 때문이오." 다른 왕들이
소문을 듣고 따라서 너도나도 문고본 오경을 만들었다.
문고본 오경은 이때부터 시작되었다.

『남사』南史 「형양원왕도도전」榮陽元王道度傳

소균은 중국 남북조 시기 남제南齊의 형양왕衡陽王을 가리
킨다. 여기에서는 편의상 '문고본'으로 번역했지만 원문은
'건상'巾箱이다. '건상'은 두건을 보관하는 작은 상자라 그 속
에 넣을 정도의 책이면 손안에 쏙 들어가는 작은 크기다. 포
켓북보다 훨씬 작다. 옛날 느낌을 살려서 현대 중국의 출판
사에서 그런 책을 가끔 출판하기도 하는데, 기념 삼아 나도

『논어』를 한 권 구입하여 한동안 셔츠 오른쪽 주머니 넣고 다니며 펼쳐 보곤 했다. 휴대용으로는 그만이었다.

고전을 베껴 쓰면 무엇이 좋을까? 명나라 때 시인이자 학자인 오응기吳應箕는 이를 세 가지로 설명했다.

베껴 쓰기를 하면 세 가지 이득이 있다. 손으로 쓰면 기억에 오래 남아 암송할 때 유리하다. 이것이 첫째 이득이다. 베껴 쓰기를 하면 세심하게 글씨를 보게 돼 저본底本의 오탈자를 바로잡을 수 있고 산만한 마음을 다잡을 수 있다. 이것이 둘째 이득이다. 수시로 베껴 쓰면 붓글씨가 단련이 되어 필체가 좋아진다. 이것이 셋째 이득이다. 그런데 요즘 책을 읽는 자는 돈이 좀 있으면 사람을 고용해서 책을 베껴 쓰고, 부득이 본인이 베껴 써야 할 때는 괴발개발 쓰고 만다. 가난한 자는 아예 베껴 쓸 책이 없다고 둘러댄다. 베껴 쓰기가 얼마나 이득이 되는지 사람들이 모른 지 이미 오래되었다.

송나라 때 천재 작가 소식蘇軾도 베껴 쓰기를 즐겼다. 소식의 사대 제자 중 한 명인 조보지晁補之의 말을 빌리자면, 소식은 어릴 적에 중요한 경서經書와 사서史書를 필사했는데, 새로운 책을 필사할 때마다 필체를 바꿔서 썼다. 오응기가 논한 필사의 세 가지 이득에 더해, 소식은 다양한 서체까지 연습했으니 넷째 이득이라 하겠다.

그런데 책을 베껴 쓰고는 태우면서 읽었던 사람도 있다. 명나라 때 문학가 장부張溥의 독서법은 세 단계였다. 첫째 단계, 새로운 글을 읽을 때마다 정성으로 또박또박 종이에 베껴 쓰고, 쓰면서 중얼중얼 읽었다. 둘째 단계, 베껴 쓰는 작업을 완료하면 썼던 글을 큰 소리로 낭독했다. 셋째 단계, 종이에 베껴 쓴 글을 즉시 화로에 던져서 태워 버렸다. 태운 후에 다시 첫째와 둘째 단계를 거치고 또 태웠다. 이런 식으로 일고여덟 번을 반복하면서 한 편의 글을 이해했고, 완전히 암송하지 못하면 될 때까지 반복했다. 장부는 이런 식으로 공부하여 결국 유명한 학자가 되었고 자신의 공부 방식을 기념하고자 서재 이름을 '칠분재'七焚齋로 명명했다(일설에는 서재에서 일곱 번 베껴 썼다는 뜻의 '칠록재'七錄齋로 지었다고도 한다). 서재에서 일곱 번 태웠다는 뜻이다.

소균은 잊지 않으려고 문고본을 만들었는데, 장부는 머릿속에 넣으려고 아예 불을 질러 버린 것이다.

장서가의 면면

송민구宋敏求가 소장한 책은 모두 네댓 차례 교감校勘을
거쳤다. 그래서 당시 장서로는 송민구의 소장본을
최고로 쳤다. 송민구의 집이 춘명방春明坊에 있었는데
송나라 인종仁宗 당시 사대부들이 독서를 좋아하여
송민구 집 근처에 살려고 했다. 집이 가까워야 책을
빌리기 좋기 때문이다. 그 탓에 춘명방 주변의 월세는
다른 지역의 두 배였다.

『독서지관록』讀書止觀錄

송민구는 북송 때의 유명한 장서가다. 책 자체도 귀했고
지금처럼 공공도서관이 없던 시절이라 좋은 책을 많이 소장
하고 있으면 빌려 보려고 사람이 많이 찾아왔다. 독서를 좋
아하는 지식인은 자주 들르고 싶은 마음에 아예 근처에 방
을 잡으려고 했다. 사람이 많이 몰리면 집세가 오르지 않겠
는가. 주변의 방값이 다른 지역의 곱절이었다는 것이다. 이

쯤 되면 '갑질'이 나올 만도 한데 송민구의 손님 대접은 오히려 지극했다. 찾아오는 손님이 편히 쉬면서 여유롭게 책을 보십사 식사 대접도 하고 술상도 차린 모양이다.

유서劉恕(송나라 정치가)가 송민구 집에 가서 책을 읽었다. 송민구는 매일 술과 안주를 준비하여 주인의 예를 갖추었지만 유서는 사양했다. 문을 닫고 책을 베껴 쓰더니 열흘 만에 원하는 책을 모두 필기했다.

송민구만 그런 것이 아니라 다른 장서가인 손위孫蔚도 그랬다고 한다.

손위 집안은 대대로 책을 수집하여 장서가 풍부했다. 사방에서 찾아와 책을 읽는 자가 항상 백 명이 넘었다. 손위는 그들이 안심하고 책을 읽을 수 있도록 식사도 제공하고 옷도 제공했다.

그렇다면 장서가라고 다 저렇게 후덕했을까? 행여 누가 훔쳐 갈까 보초를 세우기도 했고 빌려줘도 꽤 '갑질'을 한 사람도 있었다.

예약수倪若水 집에 책이 많았다. 서가에 모두 보관할 수 없어서 창문까지 차곡차곡 쌓아 올려 밖이 보이지 않았다. 집안의 자제들이 당번처럼 교대로 책을 지켰으며, 외부인이 책을 빌리려면 스승을 모실 때 올리는 선물을 먼저 바쳐야 했다.

하긴 남북조 시대 두예杜預도 아들에게 보낸 편지에서 책을 절대 빌려주지 말라고 당부했다. 예약수는 송나라 때보다 책이 훨씬 귀한 당나라 때 사람이라 그런 모양이다. 이들과 달리 책을 모두 증정한 경우도 있다. 남북조 시대의 학자이자 문인인 심약沈約의 말을 보자.

심약이 왕균王筠의 글을 볼 때마다 감탄을 금치 못했다. 왕균을 보자 그는 이렇게 말했다. "예전에 채옹이 왕찬王粲을 보고 말하길, '자네는 자네 조부에게 정말 좋은 손자일세. 내 책을 모두 자네에게 주겠네.' 내가 물론 채옹보다야 못난 사람이지만 나도 채옹처럼 하고 싶네. 사조謝朓 등이 작고한 뒤로 내 평생의 절친한 벗이 다 죽었는데 말년에 자네를 만나게 될 줄은 몰랐다네."

자손에게 책을 물려주는 사람의 마음은 어떨까?

심석전沈石田의 아들 심운홍沈雲鴻은 책을 좋아하여 수집했고,
또한 교감도 무척 열심히 했다. 그가 말했다. "자손들은 책을
재산으로 여기지 않을 테니 팔아먹지 않을 것이다. 만일 자손
들이 책을 읽는다면 내가 참으로 많은 것을 물려준 셈이다."

지금은 책을 자손에게 물려줘도 버리지나 않으면 다행
일까? 책이 흔해지니 귀하게 여기지 않는 것도 당연하다
싶다.

공부는 스승을 잘 만나야

공부를 열심히 하느니 좋은 스승을 찾는 편이 낫다.
스승이란 인간의 모범이다. 모범이 없으면 문제가
생긴다. 왁자지껄한 시장은 의견 차이가 많다. 한 권의
책에는 이설異說이 많다. 왁자지껄한 시장에는 반드시
관리원이 있듯, 책에도 스승이 있어야 한다.

『법언』法言 「학행」學行

한漢나라 문인 양웅揚雄이 한 말이다. 지금은 이런 이야기
를 하기가 힘들어졌다. 제자에게 응당 주어야 할 연구보조
비를 횡령하는 교수도 있고 심지어 여학생 제자를 성적으로
범하는 교수도 있는 세상이니 공부가 아무리 좋다 한들 공
부를 열심히 하는 것보다 스승을 열심히 찾아가라고 말하기
가 민망하다.

하지만 양웅의 이 조언이 틀린 말은 아니다. 스승은 이미 그 분야의 전문가이니 해당 분야에 해박한 것은 물론이고 어떤 공부를 어떻게 해야 좋은지 가르쳐 줄 수 있다. 혼자 공부하면 겪을 수밖에 없는 헛수고를 면할 수 있으니 좋은 스승의 지도는 공부하는 자에게 너무도 소중하다. 대학원에 지도교수가 있는 것도 그 때문이다.

좋은 스승을 찾으라는 것은 꼭 심오한 학문을 연구하는 데에만 적용되지 않는다. 입시나 자격증 시험을 준비할 때도 이른바 '인기 강사'를 찾는 이유가 달리 있겠는가. 어려운 내용도 쉽게 잘 가르치고 그 결과 입시나 자격증 시험에 합격할 확률도 높아지기 때문이다.

20세기 초 중국 인문학계의 태두 장병린이 황간黃侃에게 말했다.

공부를 열심히 하느니 좋은 스승을 찾는 쪽이 낫다. 국내에 자네의 스승이 될 만한 분은 드물다. 자네 고향 사람으로 양수경楊守敬이 역사지리학에 조예가 깊지만 자네는 그 분야를 연구할 뜻이 없어 보이는군. 그렇다면 손이양孫詒讓 선생이 아직 살아 계시니 그분을 찾아가 보게.

손이양은 19세기 말 20세기 초 중국 전통 학술계의 거목이니 참으로 좋은 스승을 추천해 준 것이다. 그런데 황간은 양수경이나 손이양을 찾아가지 않고 결국 장병린 문하로 들어갔고, 황간 역시 훗날 중국 인문학계의 거목이 되었다.

꼭 학문만 하려고 스승을 찾는 것은 아니다. 인격을 흠모하고 품행을 본받고자 스승을 찾아가기도 했다. 동한東漢의 대학자 위조魏照가 그랬다.

위조가 명망 높은 학자 곽태郭泰를 찾아가 집안의 허드렛일을 하면서 모시기를 청했다. 곽태가 물었다. "열심히 공부를 해야지 왜 나한테 와서 머슴 노릇을 하겠다는 것인가?" 위조가 말했다. "전문가는 많지만 인격자는 드뭅니다."

특별한 기술은 책을 읽는다고 배울 수 있는 것이 아니다. 사부를 찾아가서 그 밑에서 일하면서 하나둘 그 노하우를 전수받아야 제대로 배울 수 있다. 전통 공예라든가 자동차 정비 혹은 미용 기술 등이 그렇지 않은가. 그런데 이런저런 이유로 스승을 찾는 것이 여의치 않다면 어떻게 해야 할까?

청나라 때 정치가 장지동張之洞은 친구도 스승이 될 수 있다고 했다.

시골에 살면 자기가 잘난 줄 안다. 스승도 없고 책도 없다. 견문을 어떻게 넓힐 수 있으랴. 뜻과 기개는 어떻게 키울 수 있으랴. 옛사람이 천 리를 마다 않고 유학을 떠난 것도 고생을 몰라서 그렇겠는가. 어느 한 선생의 말씀만 고수한다면 점차 누추해져서 나중에는 잘못될 일이 많다. 훌륭한 스승을 만나는 것은 물론 쉬운 일이 아니지만 도움이 될 만한 친구는 많이 있다. 마음을 비우고 겸허하게 대하면 도움이 될 터이니 친구가 곧 스승이다.

각고의 노력과 성공

중국 전국 시대 조(趙)나라에 영월(甯越)이란 이가 농사일에
지쳐 친구에게 물었다. "어떻게 해야 이런 힘든 일에서
벗어날 수 있겠나?" 친구가 말했다. "공부하는 것이
제일 빠르네. 삼십 년만 공부하면 성공할 수 있지."
영월이 결심했다. "십오 년에 하겠네. 남이 쉴 때
나는 쉬지 않겠다. 남이 누울 때 나는 눕지 않겠다."
십오 년 후 주(周)나라 위공(威公)이 스승으로 모셨다.

『여씨춘추』呂氏春秋 「박지」博志

평균 수명을 생각하면 삼십 년은 고사하고 십오 년이 얼
마나 대단한 일인지 알 수 있다. 우리나라 20세기 초반 평
균 수명이 40세 전후였음을 안다면 말이다. 각고의 노력을
보여 주는 실례가 많은데 송렴(宋濂)도 그중의 하나다.

주원장(朱元璋)은 명나라를 세울 때 개국 문신 중에 송렴을
최고로 쳤고 송렴은 그 이후 여러 요직을 거쳐 태자의 사부

가 되기도 했으며, 유기劉基와 함께 문학적으로도 대가 반열에 올랐다. 성공한 송렴이지만 젊어서 공부한 과정을 보면 도무지 믿기 어려울 정도이다. 그가 동향의 어린 후배 마군칙馬君則을 격려하는 글을 읽어 보자.

나는 어려서부터 배움을 좋아했으나 집안이 어려워 책을 살 수 없었다. 장서가 있는 집에서 책을 빌려 손수 베껴 썼고 날짜에 맞춰 돌려주었다. 날이 무척이나 추운 날은 벼루의 물이 얼고 손가락이 곱아 쥐고 펼 수 없었지만 태만하지 않았다. 책을 다 베껴 쓰고 돌려줄 때 약속한 기일을 넘긴 적이 없어서 사람들은 나에게 책을 잘 빌려주었고 덕분에 많은 책을 읽을 수 있었다.

스무 살이 넘자 성현의 말씀을 더욱 흠모했지만 훌륭한 스승을 모실 수 없는 게 걱정이었다. 고향 땅 백 리 밖에 스승이 계셔서 배움을 청한 적이 있었다. 스승은 인격이 훌륭하고 명망이 있는 분이라 제자가 문하에 많았지만 말씀이나 태도는 완곡하지 않으셨다. 나는 스승을 공손히 모시면서 책을 읽다가 궁금한 점을 여쭈었고, 대답해 주시면 공손히 들었다. 간혹 야단을 치시거나 면박을 주셔도 안색을 더욱 공손히 하고 스승에 대한 예의를 더욱 갖추며 감히 한마디 말대꾸도 하지 않았다. 그리고 스승의 기분이 흡족할 때를 기다려 가르침을 다시 청했다. 그렇기에 내가 비록 우둔하지만 마침내 가르침을 받을 수 있었다.

내가 스승에게 배우려고 찾아갈 때를 돌이켜 본다. 책을 메고 신발을 끌면서 심산유곡을 지나갈 때다. 혹한에 매서운 바람이 몰아치는데 눈마저 깊이 쌓였던 날이다. 발이 얼어터진지도 모르고 계속 걸어서 스승의 집에 도착하자 사지가 얼어붙어 움직일 수 없었다. 하인들이 따뜻한 국물을 가져와 먹이고 이불로 감싸 주었기에 한참 지나서 비로소 몸을 움직일 수 있었다.

여관에 묵을 때는 주인이 하루에 두 끼를 제공했지만 고기나 맛난 반찬은 먹을 수 없었다. 함께 공부하는 동창은 모두 아름다운 비단옷을 입고 붉은 갓끈에 보석이 박힌 두건을 쓰고 백옥이 달린 허리띠를 두르고, 왼쪽으로는 칼을 차고 오른쪽으로는 향낭을 찼는데 빛나는 모습이 마치 신선 같았다. 그러나 나는 남루한 바지저고리를 입고 그 사이에 있었지만 조금도 부러워하는 기색이 없었다. 나는 내 안에 기쁘고 즐거워할 만한 것들이 넉넉했기에 먹는 것 입는 것이 친구들보다 못함을 느끼지 못했다. 내가 어려운 가운데서도 나름대로 열심히 공부했음이 이와 같았다.

지금 비록 늙고 이룬 것은 없지만 그래도 요행히 군자의 행렬에 끼었고 황제의 총애를 받아 공경公卿의 말석이 되어 매일 자문에 응하며 세상 사람들이 내 이름을 알아주는데 하물며 나보다 재주가 뛰어난 자야 오죽하겠는가.

지금 학생들은 태학太學에서 공부한다. 국가에서 의식을 제공하고 부모가 철따라 겨울옷과 여름옷을 준비해 주니 춥고 배고플 걱정이 없다. 큼지막한 건물에서 『시경』과 『서경』書經을 낭독하니 이곳저곳을 찾아다니는 노고도 없다. 전담 지도교사와 박사가 스승으로 있으니 물으면 답해 주지 않을 질문이 없고, 구하면 얻지 못할 답안이 없다. 무릇 필요한 책은 모두 여기에 있어 나처럼 손으로 베껴 쓰지 않아도 되고 다른 사람에게 빌리지 않아도 된다. 그런데 학업에 별 진전이 없거나 인품을 제대로 도야하지 않았다면 그것은 타고난 자질이 떨어지는 것이 아니라 마음을 나처럼 집중하지 않은 것이니 어찌 다른 사람을 탓할 수 있겠는가.

고향 후배 마군칙 군은 태학에서 이미 2년 이상 공부했는데 학우들의 칭찬이 자자하다. 내가 수도로 올라가 황제를 뵈려 할 때 마 군이 고향 자제로서 나에게 인사를 왔는데 선물로서 장문의 편지를 나에게 보냈다. 편지의 글이 막힘이 없고 도리에 밝았다. 마 군과 토론을 해 보니 언사가 온화하고 표정이 편안했다. 스스로 밝히길 어릴 때부터 공부에 뜻을 두었고 각고의 노력을 했다 하니 어떻게 배워야 하는지 아는 학생이라 하겠다. 이제 곧 귀향하여 부모님을 뵐 텐데 내가 그동안 살아오면서 힘들게 공부한 경험을 특별히 소개했다. 고향의 자제에게 공부 이야기로 격려하는구나 하고 받아 준다면 그게 곧 나의 본뜻이다. 내가 성공하여 고향 사람에게 잘난 체하는 것으로 비판한다면 그것은 오해이니 어찌 나를 안다고 하리오.

'태학'은 지금의 국립대학이다. 좋은 환경에서 공부하는 것이니 감사한 마음으로 더욱 분발하라는 뜻이다.

공부와 성공에 대해 잠시 생각해 본다. 농사에 비유해 보자. 농사는 우수한 씨앗, 근면한 농부, 좋은 날씨가 다 맞아떨어져야 수확이 풍성하다. 그러니 누구나 공부한다고 송렴처럼 다 성공하는 것은 아니다. 하지만 농부가 게으르거나 농사를 포기하면 수확 자체를 기대할 수 없다. 따라서 성공 여부는 날씨(하늘)에 맡기고 자신의 타고난 밑천(유전자)을 씨앗으로 열심히 파종하고 키우는 것이 바른 태도가 아니겠는가. 송렴만큼 각고의 노력을 했다면 최선을 다한 것이니 설령 성공하지 못했다 해도 여한은 없겠다.

각개격파 독서법

누군가 물었다. "선생의 박학다식을 배울 수 있습니까?"
소식이 대답했다. "물론이지요. 저는 『한서』를 여러 번
읽어서 샅샅이 파악했답니다. 이를테면 통치술, 인물,
지리, 관료 제도, 병법, 경제 등으로 주제를 정하고
한 가지 주제만 집중하여 책을 읽었습니다. 그런 식으로
주제를 바꿔 가며 수차례 읽었더니 그 책의 모든 사건에
대해 정통하게 되었습니다.

『전거을기』田居乙記

소식은 왕랑王郞에게 보낸 편지에서도 이 같은 독서법을
추천했다.

공부에 뜻을 둔 어린 학생은 같은 책을 여러 번 읽어야 한다.
바다로 가면 온갖 것이 다 있지만 사람의 정력이 유한하니 모
든 것을 다 거두어들일 수는 없고 그저 원하는 것만 일단 취

하지 않던가. 그러므로 학생들은 책을 읽을 때마다 한 가지를 염두에 두고 원하는 것을 구하라고 권하고 싶다. 가령 고인의 흥망興亡과 치란治亂, 성현의 작용 등을 구한다면 그 생각으로 만 책을 읽지 다른 생각은 일절 하지 않는 것이다. 그렇게 다 하고 나서 또 다른 주제를 정하고 같은 책을 읽는 것이다. 이 런 식의 독서법에 성공하면 사면팔방에서 공격을 당해도 여 유롭게 대응할 수 있으니 그저 책만 많이 읽는 것을 좋아하는 자와는 천양지차가 될 것이다.

소식의 독서법은 일종의 '각개격파' 전략인데 후세의 중 국인도 이 독서법에 무척 흥미를 느꼈던 모양이다. 명나라 때 학자 호응린이 관련된 일화를 소개했다.

누군가 소식에게 독서법을 물었다. 소식이 대답했다. "책을 읽을 때는 화폐, 식량, 군사, 농업 및 기타 이런저런 사물과 사건 중에서 한 가지를 택해 그것만 생각하면서 읽습니다. 다 읽으면 같은 책을 또 다른 주제로 읽습니다. 이런 식으로 책 을 읽으면 평생 잊지 않습니다." 소식의 박식이 기억력이 좋 은 덕이 아님을 이로써 알 수 있다. 내가 볼 때도 소식의 독서 법은 독서의 요령을 담았다. 다만 상당히 시간이 걸릴 것이다. 소식이 후배에게 물어본 적이 있다. "요즘 무슨 책을 읽고 있나?" 무슨 책을 읽고 있다고 답하자, 소식이 이어서 물었다. "아무개가 누각을 좋아한다는 이야기가 있지 않던가?" 후배의 말문이 막혔다. 소식이 무슨 소리를 하는지 몰랐기 때문이다. 소식의 박학다식은 각개격파 독서법으로 책을 읽은 데서 비롯한다.

청나라 때 학자 이자명李慈銘도 소식의 독서법을 가리켜 좋은 방법이라고 극찬했다. 모택동毛澤東도 소식의 독서법이 괜찮다고 여겼는지 중국 사회를 연구할 때도 정치, 경제, 문화, 군사 네 분야로 나누어 개별적으로 분석한 뒤 종합적으로 판단하자고 제의했다.

소식의 독서법은 두 가지가 요점이다.

첫째, 책을 읽을 때는 명확한 목표가 있어야 한다.

둘째, 어느 한 주제나 분야에 온 정신을 집중한다.

말하자면 개별적으로 분석하고 종합적으로 이해하라는 것이 핵심이다. 가령 글을 읽을 때, 처음 읽을 때는 전체적인 내용이 무엇인지 윤곽을 파악한다. 두 번째 읽을 때는 모르는 단어나 생소한 용어를 찾아 이해하는 데 집중한다. 세 번째 읽을 때는 글의 주제가 무엇인지 파악하는 데 집중한다. 네 번째 읽을 때는 주제를 표현하고자 어떻게 기승전결을 구성했는지 파악하는 데 집중한다. 다섯 번째 읽을 때는 인물이나 사건의 묘사 및 표현 기교라든가 그 특징을 파악하는 데 집중한다. 여섯 번째 읽을 때는 이상의 분석을 종합하여 총체적으로 이해하고 감상한다. 이런 식으로 공격하면 함락하지 못할 글이 어디 있겠는가.

이런 방법은 외국어 독해를 공부할 때도 좋을 듯하다. 한 번 읽을 때마다 순차적으로 개략적인 내용 파악, 새로운 단어 찾아서 의미 확인, 문법적인 분석, 기승전결 파악, 인물이나 사건 묘사 내지는 표현 기교 분석 등으로 나누어 반복해서 읽는 것이다. 전체 내용의 핵심과 특징이 머릿속에 선연히 그려지지 않겠는가?

중국 역사상 10대 천재를 꼽으라면 그중 한 명은 소식일 것이다. 그런 소식도 저리 열심히 각개격파 전략으로 책 한 권을 몇 번이나 읽었다. 대충 한 번 훑어보고 이해가 안 된다고 푸념하는 사람은 조금 노력할 필요가 있다.

나이별 독서

사람에게는 기억력과 이해력이 있다. 열다섯 살
이전은 물욕에 아직 물들지 않고 지식이 소박하기에
기억력이 이해력을 앞선다. 열다섯 살 이후는 지식이
넓어지고 물욕에 눈을 뜨면서 이해력이 기억력을
앞서기 시작한다. 그러므로 응당 읽어야 할 책은 열다섯
살 이전에 숙달되게 읽어 두는 것이 좋다. 사서四書와
오경五經은 물론이고 천문, 지리, 역사, 수학 등은 모두
외우기 좋게 만든 노래나 구절이 있으므로 암송해야
한다. 나이가 좀 들면 암송하려고 하지도 않고 암송하려
해도 잘 안 된다.

『사변록』思辨錄

청나라 때 학자 육세의陸世儀가 한 말이다. 무슨 수학까지
외우느냐 하겠지만 최소한 구구단 정도는 외워 두면 두고두
고 득을 본다. 지리나 역사 등은 말할 것도 없다. 생물이나
화학도 기본적인 것은 일단 외워 두면 아주 편하다. 육세의
는 열다섯 살을 기준으로 삼았는데 청나라 때 정치가 장영張
英은 스무 살을 기준으로 이야기하기도 했다.

공부를 해도 스무 살 이전에 읽어야 할 책과 그 이후 읽어야 할 책에 구분이 있다. 어린이는 복잡하지 않고 순진하여 한 번 읽은 책은 복습하지 않아도 어쩌다 언급하면 꽤 많이 기억하고 암송하기도 한다. 그런데 나이가 들면 책을 읽고 그저 한 달만 지나도 잊으며, 그렇지 않다 해도 오래 기억하기는 힘들다. 그렇기에 심오한 글인 육경六經과 진秦나라·한漢나라 시기의 문장은 반드시 어려서 읽어야 한다. 나이가 들면 그 두 배의 노력을 해도 기억에 별로 남지 않기 때문이다. 여덟 살부터 스무 살까지의 시간은 그리 많지 않으니 허송세월하거나 급하지 않은 책을 읽어서야 되겠는가. (……) 그러느니 차라리 『좌전』左傳이나 『국어』國語▶의 한두 편, 서한西漢과 동한東漢의 품위 있고 아름다운 글을 암송하면 평생 유용할 것이다.

옛날 지식인은 어릴 때 서당에서 사서삼경四書三經을 저런 식으로 공부했다. 당장 이해하지는 못해도 나이가 들어가면서 하나둘 깨우칠 것으로 보았기에 일단 머리에 각인시키는 것이 급선무였다. 지금은 국가가 지정한 의무교육 과정이 있으니 저런 식의 공부는 불가능한 일이지만 조기교육으로 영어 공부 못지않게 우리의 좋은 시조나 시를 수십 수 외우게 하면 좋을 것이다.

송나라 때 주자는 젊어서는 다독, 나이 들어서는 정독을 권했다.

공부는 나이에 따라 다르다. 젊어서는 정력이 남아도니까 다독하는 것이 마땅하다. 그러나 나이가 들면 책을 가려서 읽어야 하고 책을 읽을 때는 정신을 집중해야 한다. 그러니 노인은 다독할 일이 아니다. 노인이 책을 읽을 때는 그 책을 다시 읽을 기회가 없으리라 가정하고 차분히 음미하면서 깊은 의미를 연구해 봐야 할 것이다. 그리하여 책에 담긴 의미가 마음에 촉촉이 젖어 들면 잊어버릴 일도 없게 된다.

대만대학교 철학과 교수 부패영傅佩榮(푸페이룽)은 읽어야 할 책과 그 이유를 소년기, 청년기, 중년기, 노년기로 나누어 설명했다.

소년기. 20세까지. 이 시기의 독서는 문맹에서 벗어나 지식의 기초를 닦고 자아를 인식하기 위함이다. (……) 글을 읽을 줄 알고, 또한 생각할 줄 아는 것 이외에도 문화유산을 학교

교육을 통해 익혀야 하는데, 이는 개인이 사회로 진출하기에 앞서 갖추어야 할 소양이다. 아울러 이 시기에 자신의 성격이나 취향을 인식하는 것도 중요하다. 이런 공부가 없으면 이후의 삶을 제대로 살아갈 수 있겠는가.

청년기. 40세까지. 이 시기의 독서는 직업을 찾고 안정되기 위함이다. 그러니 이 시기에는 주로 실용적인 내용이나 자아정체성에 관한 책을 읽는다. 이 시기에 기본적인 인생관이 정립되지 않으면 나이 마흔 줄에 들어설 때 곤혹스러워진다. 그럴 때는 철학이나 심리학 서적을 읽는다.

중년기. 60세까지. 사업도 안정기로 접어들었으니 이제는 생활의 품질이 관심사가 된다. 이럴 때 문학의 촉촉함과 예술의 편안이 필요해진다. 그 전에는 무슨 쓸모가 있으랴 외면했던 것이 지금은 불가사의한 보물이 되는 것이다. 소설, 희곡, 시, 음악, 미술 등은 생명의 다양한 모습과 정서를 보여 주므로 적절히 음미하면서 개인적인 깨달음을 검증할 수 있다.

노년기. 60세 이상. 이 시기는 종교 경전이나 사서오경四書五經을 읽는 것이 좋다. 신체는 노화했으나 지혜는 무르익이 갈 때다. 삶과 죽음의 미혹에서 벗어나고, 시공을 초월하여 선현과 벗이 되고, 그들과의 대화를 통해 인생의 다양한 경지를 맛볼 수 있다. 세속의 성패와 득실은 한때의 일이라 여겨 마음도 편안해진다.

▶ 『국어』(國語): 『국어』는 국어책이 아니라 중국 춘추 시대
8개국을 기록한 역사책이다. 8개국이란 종주국 주(周)
왕실과 제후국 노(魯), 제(齊), 진(晉), 정(鄭), 초(楚), 오(吳),
월(越) 등이다. 좌구명(左丘明)의 저술로 알려진 『국어』는
『춘추좌씨전』(春秋左氏傳, 『좌전』)과 함께 춘추 시대를
연구할 때 소중한 자료가 된다. 사마천(司馬遷)이 『사기』(史記)를
저술할 때도 이 책을 『전국책』(戰國策)과 함께 기본 사료로
삼았다.

여유롭게 그러나 꾸준히

벼락 치듯 몰아서 하루에 수십 수백 쪽씩 쉬지 않고
늙어 죽을 때까지 책을 읽는다면 대단히 부지런한
사람이지만, 그런 식으로 책을 읽어 봐야 무익하다.
생각해 보라. 그렇게 쫓기듯 빨리 책을 읽으면 충분히
생각하지 않는 것이고, 그저 한 번 읽고 지나가는
셈이니 얼마나 기억에 남겠는가. 그러니 부지런히 책을
읽었지만 실은 읽지 않은 셈이다. 책은 많이 읽으려고
할 필요가 없다. 꾸준히 읽으면 세월이 약이니 알아서
쌓이게 된다. 경서나 사서 중에 분량이 많은 책은 한 번
읽어서는 부족하고 여러 번 읽어야 할 것이다. 배움을
좋아하고 깊이 생각하라는 '호학심사'好學深思 넉 자를 꼭
기억해야 한다.

「둔음잡록」鈍吟雜錄

청나라 때 시인 풍반의 말로, 매일 조금씩 꾸준히 하면 결
국 중요한 책을 다 읽게 된다는 이야기다. 송나라 때 문인
진선陳善 역시 이렇게 말했다.

독서는 단단히 기억해야 나날이 발전한다. 진진陳晉은 하루에 딱 120자씩만 읽었는데 마침내 읽지 않은 책이 없었다. 하루만 따지면 부족한데 한 해로 따지면 남는다는 것이 이 말이다. 요즘 사람들치고 누가 책을 읽지 않겠느냐마는 하루에 수천 자를 암송하면 처음에는 대단해 보여도 곧 잊어버려 연말이면 머리에 남는 것이 120자도 안 된다. 내가 어릴 적에는 그저 많이만 읽으려고 했는데, 지금 생각하니 머릿속에 남은 게 없다. 진진의 방법이 옳았음을 비로소 깨달았다.

역시 꾸준히 읽는 것이 요령이다. 청나라 때 문인 왕유헌汪惟憲도 마찬가지였다.

옛사람은 책을 읽을 때 숙달되게 읽었지 많이 읽으려 하지 않았다. 그렇다고 박학다식을 멀리한 게 아니다. 매일 조금씩 쌓여서 결국 많아지는데, 그렇게 많아지면 잡다해지지 않고 잊어버리지도 않는다. 날이 갈수록 더 불어남을 사람들이 감지하지 못할 따름이다. 한마디로 말하여 '꾸준히'가 요령이다. 하다 말다 하는 것은 오히려 아니 함만도 못하다. 하루 열심히 하고 열흘 놀고, 짧은 인생에 뭐하는 짓인가. 책을 볼 나이만 되면 계획을 세워서 순서대로 책을 읽는다. 평균 이하의 지능이라 가정하고, 매일 조금씩 읽는다고 계산해 보자. 일 년에 경조사, 집안 제사, 인간관계, 이런저런 모임 등을 제하면 대략 270일 정도 남는다. 270일을 기준으로 단단하게 공부 계획을 세워서 철저히 지켜 보는 것이다. 이런 식으로 10년을 계속하면 경서經書는 대략 다 읽을 수 있다. 이 계획을 유지하면 둔한 자도 영민해진다. 그러면 공부 분량을 늘릴 수도 있다. 10년이 더 지나면 제자백가와 역사서 그리고 고전 산문 등도 모두 읽게 될 것이다.

한나라 때 정치가 동방삭東方朔의 자기 소개서에는 본인의 독서량을 자화자찬하는 내용이 있다. 동방삭의 엄청난 독서량에 다들 감탄하는데 실은 평균 이하의 수준임을 청나라 때 정치가 양장거가 증명했다.

책을 많이 읽고자 애쓸 필요가 없다. 그저 엄격하게 일정을 짜고 그냥 계속 읽어 나가기만 하면 된다. 그렇게 시간이 흐르면 자연스럽게 쌓여서 지식이 풍부해진다. 송나라 정치가 구양수가 말했다. "『효경』孝經, 『논어』, 『맹자』, 『주역』, 『상서』尚書, 『시경』, 『예기』禮記, 『주례』, 『춘추좌씨전』春秋左氏傳은 평균 자질을 기준으로 하루에 30자씩 읽어도 4년 반이면 완독한다. 자질이 떨어져 평균의 절반일지라도 9년이면 완독한다." 동방삭은 이렇게 자화자찬했다. "열두 살에 서예를 배웠고, 열다섯 살에 검술을 배웠고, 열여섯 살에 『시경』과 『상서』를 공부하여 총 22만 자를 읽었습니다. 열아홉 살에 『손자병법』孫子兵法, 『오기병법』吳起兵法을 공부하여 역시 22만 자를 읽었습니다. 무릇 총 44만 자를 읽었을 때가 제 나이 스물둘이었습니다." 자, 그럼 계산해 보자. 열여섯 살부터 『시경』, 『상서』를 읽어 열여덟 살에 떼었고, 열아홉 살부터 병법을 배워 스물한 살에 마쳤다. 모두 3년씩 걸린 것이다. 3년에 22만 자를 읽었다는데, 그렇다면 매년 73,300자 정도를 읽은 셈이다. 1년 360일로 나누면 매일 203자에 불과하다. 평균 이하의 자질이 아닌가. 하후씨夏侯氏가 「동방삭선생상찬」東方朔先生像贊에서 "동방삭은 눈으로 보면 입으로 외었고 귀로 들어가면 마음이 깨달으니 그 영민함이 이와 같다"라며 천재로 묘사했는데 지금 계산해 보았듯 평균 이하의 자질인 것이다. 이렇게 본다면 동방삭은 많이 읽은 것이 아니다. 조금씩 꼼꼼하게 읽었다고 봐야 한다. 옛사람은 책을 읽을 때 대충 읽는 것이 아니라 반드시 이 책이 어디에 필요한지 생각하며 평생토록 잊지 않으려고 정성으로 읽었다. 이렇게 책을 읽기에 조금씩 읽어도 쌓이고 쌓여 수북해지고 또한 기억에도 오래 남는 것이다.

옛날 사람만 저렇게 말하지 않았다. 근현대의 교육가 당문치唐文治도 '여유롭게 그러나 꾸준히'를 강조했다.

시작은 당당한데 끝이 흐지부지한 이유는 대부분 꾸준하지 못한 탓이다. 그래서 내가 학생을 가르칠 때는 여유롭게 가르친다. 매일 20쪽을 읽을 수 있다면 15쪽만 하라고 한다. 대신 중단하지 말고 계속하라고 한다. 그렇게 열흘을 하면 150쪽 아닌가. 한 달이면 무려 450쪽이다. 그런데 매일 30-40쪽씩 시키면 사나흘 뒤에는 벌써 짜증 나기 시작하고 지쳐서 며칠 더 하면 포기하고 마는 것이다. 그러므로 꾸준히 하는 것이 성공의 비결이고 천하무적이 되는 길이다.

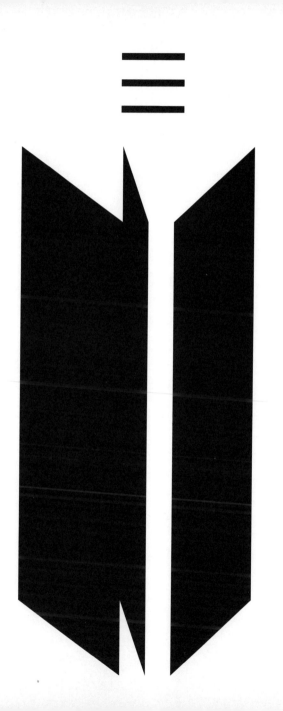

퀴즈

상아, 무소뿔, 보석, 옥, 희귀한 물건. 이런 것은 사람의 이목을 즐겁게 하지만 실용적이진 못하다. 쇠, 돌, 풀, 나무, 비단, 삼베, 오곡, 자재. 이런 것은 실용적이지만 많이 퍼 오면 바닥나고 오래 쓰면 낡아 버린다. 사람의 이목을 즐겁게 해 주고 실용적인데 아무리 퍼 와도 바닥나지 않고 아무리 오래 써도 낡지 않으며, 똑똑한 자든 어리석은 자든 자기 재주만큼 얻어 가고, 어질거나 지혜로운 자가 보면 능력만큼 거두어 간다. 사람마다 재주와 능력의 차이가 있지만 일단 접하면 많든 적든 소득이 있다. 그것은 오로지 ○이 아니겠는가!

『이씨산방장서기』李氏山房藏書記

송나라 문인 소식의 글로 만든 퀴즈로 시작하자. 인용문의 끝부분 ○에 들어갈 알맞은 말은 무엇일까? 짐작했겠지만 확신이 서지 않는다면 다음 퀴즈를 보자. 송나라 때 징치가 예사倪思가 한 말이다.

세상만사는 이익과 손해가 절반씩 있는 법인데 이익만 있고 손해가 없는 것은 오로지 ○이다. 빈부귀천과 남녀노소를 막론하고 한 권을 읽으면 한 권의 이익이 있으니 이익만 있고 손해는 없는 것이 ○이다.

답은 '책'이다. 그런데 책은 과연 이익만 있을까? 청나라 때 문인 원매袁枚는 이렇게 말했다.

세상에 책이 많기도 하다. 책은 사람을 지혜롭게 만들기도 하고 어리석게 만들기도 한다. 겸손하게 만들기도 하고 오만하게 만들기도 한다. 책을 잘 읽는 자는 항상 부족을 느껴 지혜로워지는데, 책을 잘못 읽는 자는 항상 자부심이 넘쳐 어리석어진다.

심지어 자신의 불행을 책의 탓으로 돌린 명나라 사람도 있다.

송금화宋金華와 손신孫愼이 수감되었다. 손신이 말했다. "내가 책을 만 권이나 읽었지만 결국 이런 신세가 되었구나!" 송금화가 말을 받았다. "나는 책을 적게 읽어 내 몸 하나 보호하는 방법을 몰라 이 신세가 되었다. 책이 무슨 죄인가?"

책을 많이 읽으면 구체적으로 무엇이 좋을까? 청나라 때 문인 풍반은 주로 문인의 입장에서 이렇게 말했다.

책을 많이 읽어 포부가 커지면 한마디를 해도 선현과 비슷해지니 이것이 첫째 좋은 점이다. 박학다식해지면 글을 써도 근거가 있으니 이것이 둘째 좋은 점이다. 견문이 넓어지면 스스로 득실을 알게 되어 글을 쓸 때 취사선택이 가능하니 이것이 셋째 좋은 점이다.

머리에 든 것이 없는데 무슨 글이 나오겠는가. 책을 읽으면 설령 글을 쓰지 않는다 해도 최소한 교양과 품위를 갖춘 사람은 될 수 있다는 말이다. 책이 이렇게 좋은 것이니 책 읽는 소리를 들으면 기분이 어떨까? 예사는 다음과 같이 아름답게 표현했다.

솔바람 소리, 시냇물 소리, 산새 소리, 밤벌레 소리, 학 울음 소리, 가야금 소리, 바둑돌 놓는 소리, 빗방울이 계단에 떨어지는 소리, 눈이 창을 쓰는 소리, 차 끓는 소리. 세상 소리 중에 가장 맑은 것이지만 책 읽는 소리보다는 못하다. 다른 사

三

람이 책 읽는 소리만 들어도 이미 기쁜 마음 한량없지만, 자식과 제자가 책 읽는 소리를 들으면 그 기쁨을 형언할 길 없구나.

독서를 예찬하는 글이 많지만 자식을 낳아 키워 보고 학생을 가르쳐 보니 예사의 저 이야기가 예사롭지 않다.

공부할 때 마음가짐

몸을 단정히 하고 바로 앉아서 책과 붓과 벼루 등을
책상에 정돈한다. 읽어야 할 책, 비품 등은 항상
여유롭게 꺼내야지 마구 휘저으며 찾아서는 안 된다.
책을 다 읽었으면 원위치에 두어야지 아무렇게나
방치해서는 안 된다. 다른 사람에게 빌린 책이나 물건이
있으면 반드시 장부에 등록하여 제때 반환해야지
분실해서는 안 된다.

『사학요략』社學要略

명나라 때 사상가 여곤呂坤의 이 말은 책상과 필기구와 비
품 등이 어질러져 있으면 마음이 산만한 것이고, 그런 마음
으로 책을 읽어서는 내용이 머리에 들어오지 않는다는 뜻이
다. 빌린 책을 제때 반환해야 한다 운운은 남의 물건을 소중
히 여기고 빌려준 사람의 호의에 감사하는 마음을 가리키는
것이니, 사람 됨됨이의 문제이다. 이런 잔소리(?)는 정말이

지 그동안 수많은 사람이 훈계했다. 송나라 때 문인 황정견 黃庭堅도 필기구를 정갈하게 관리하는 것이 공부의 시작이라 고 강조했다.

붓과 먹을 깨끗이 관리하는 것은 자기의 몸과 마음을 정갈하 게 유지하는 것과 같다. 책상과 벼루를 깨끗이 정돈하는 것은 개과천선하는 것과 같다. 붓과 먹이 너저분한 것은 배우는 자 의 태도가 아니다. 책상이나 벼루에 낙서를 하는 것은 자기 얼굴에 먹칠을 하는 것과 같다. 자제들은 깊은 연못에 다가서 듯 필기구를 조심스럽게 잘 간수하기 바란다.

정리 정돈은 습관이니까 어릴 때부터 잘하도록 가르치는 편이 좋다. 대학생을 유심히 관찰해도 그렇다. 책이나 필기 구 등을 깨끗하게 관리하고 아울러 정리 정돈을 잘하는 학 생은 대부분 산만하지 않고 집중한다. 그러니 공부도 잘하 고 성적도 당연히 좋다. 이런 잔소리를 한꺼번에 모아서 한 사람은 송나라 때 대학자 주자이다.

책을 읽을 때는 우선 책상을 정리 정돈하여 깨끗이 하고 책을 단정히 놓는다. 몸을 바로 하고 책을 대한다. 자세히 천천히 글자를 보면서 확실하게 소리 내어 읽는다. 읽을 때는 글자 한 자 한 자 우렁차게 읽어야 하며, 단 한 자라도 틀리게 읽어서는 안 된다. 글자를 빼고 읽는다거나 보태서 읽는다거나 거꾸로 읽어서는 안 된다. 또한 억지로 외우려고 해서도 안 된다. 그저 여러 번 읽으면 자연스럽게 입에 오르고, 그렇게 오래 하다 보면 기억되는 것이다. 옛 어른들이 이렇게 말씀하셨다. "책을 천 번 읽었더니 그 뜻이 스스로 드러나더라." 숙달되게 소리 내어 읽으면 굳이 해설하지 않아도 자연히 그 뜻을 알게 된다는 말이다. 내가 일전에 강조한 바 있지만 책을 읽을 때는 세 가지가 필요하다. 마음, 눈, 입. 이 세 가지가 책에 가 있어야 한다. 그런데 마음이 다른 데 가 있으면 눈으로 책을 세심하게 볼 수가 없다. 또한 마음을 집중하지 않으면 그저 건성으로 읽어 대니 기억할 수도 없으며, 설령 기억했다고 해도 오래갈 수가 없다. 그러니 이 세 가지 중에 마음이 가장 시급하고 중요하다. 일단 마음이 책에 가 있고 또한 몰두하면 눈과 입이 따로 놀 리가 있겠는가.

책상을 깨끗이 정리하고 비품을 가지런히 정돈하면 마음마저 정갈해지는 느낌이다. 책을 받아들일 준비가 되어있으니 이제 청나라 때 정치가이자 학자인 증국번曾國藩의 조언을 들어 본다.

공부하려면 첫째는 뜻을 세워야 하고, 둘째는 식견이 있어야 하고, 셋째는 끈기가 있어야 한다. 뜻을 세워야 타락하지 않는다. 식견이 있어야 학문은 무궁무진함을 알아 조금 이루었다고 자만하지 않는다. 우물 안 개구리 같은 자가 곧 식견이 없는 것이다. 끈기가 있다면 이루지 못할 일이 없다. 이 세 가지에서 하나라도 결여되어서는 안 된다. 지금 여러 아우는 아직 식견이 부족하여 당장 모두 갖추지는 못하더라도 나머지 두 가지, 즉 뜻을 세우고 끈기를 가지고 끝까지 하는 것은 실천해 주길 바란다.

공부를 해서 조금 알게 되면 오만해지기도 한다. 그릇이 작으니 쉽게 차고 넘치기 때문이다. 명나라 정치가 원종도袁宗道가 말했다.

학문이 원숙한 경지에 이르지 않았을 때는 자기 의견에 맞으면 옳다고 하고 자기 의견에 어긋나면 틀리다고 한다. 마치 남쪽의 배로 북쪽의 수레를 비웃고, 학의 긴 목으로 오리의 짧은 목을 탓하는 것과 같다. 무릇 자기에게 의견이 있음은

탓하지 않고 남이 다른 의견이 있다고 책망한다면 이런 어이
없는 일이 어디 있겠는가.

이때 필요한 것이 겸손이지만 겸손이 누가 겸손해지라고
해서 되는 것이 아니라 학문의 넓고도 깊은 세계를 알게 되
면 절로 그렇게 된다. 그러니 일단은 고인에 대한 존경심과
경외심을 갖는 것이 좋은 태도이다. 청나라 때 문장가 위희
가 권했다.

고전을 읽을 때 그저 맞다고 하는 것이나 일단 반박하고 보는
태도는 모두 잘못이다. 고인을 경외하는 심정으로 문제가 있
는 내용을 살펴서 조심스럽게 밝히는 것이 좋은 태도라 생각
한다.

한 권, 한 부에 몰입하다

공무량襲茂良의 가마 안을 들여다본 적이 있는데 책이
딱 한 권 놓여 있었다. 이런 것이 한 권에 집중한다
함이다. 일반적으로 외출할 때 가마에 책 서너 권을
놓는데 한 권을 읽다가 싫증나면 다른 책을 보기
위함이다. 이런 식으로 방만하게 책을 읽어서야 무슨
공부인가!

『주자어류』朱子語類

송나라 때 대학자 주자朱子가 했던 말이다. 책을 읽을 때는
오로지 한 권 혹은 한 부의 책에만 몰입하라는 뜻이다. 그런
사람은 외출할 때도 책을 단 한 권만 갖고 나간다. 당나라
때 문학가 이고李翔 역시 그랬다.

그가 『춘추』春秋를 읽을 때는 『시경』이 세상에 없는 듯했다.

그가 『시경』을 읽을 때는 『주역』이 세상에 없는 듯했다. 그가 『주역』을 읽을 때는 『상서』가 세상에 없는 듯했다. 그가 굴원屈原과 『장자』를 읽을 때는 육경六經이 세상에 없는 듯했다.

이런 방식의 독서를 권했던 이유는 무엇일까? 송나라 때 문인 황정견이 말했다.

대개 학자는 박식을 좋아하는데 깊지 못하다는 것이 폐단이다. 책 일백 권을 훑어보느니 차라리 한 권에 정통한 편이 낫다. 한 권에 정통하고 그런 후 여력이 있을 때 다른 책을 훑어보면 그 책도 정통하게 된다. 내가 책을 읽으면 읽는 책마다 유익하다. 책이 나를 읽으면 내가 고개를 돌렸을 때 막막해진다.

박학다식하지 말란 뜻이 아니라, 일단 한 권이나 한 부에 몰입하여 정통하게 되면 다른 책을 읽어도 그 책에 대해 통하게 된다는 말이다. 우선 어느 한 분야의 전문가가 된 후에 점차 외연을 확장하여 박식의 길로 가라는 뜻이다. 책 한 권에 몰입하라는 취지를 극단적으로 말한 명나라 학자 설훤薛

矑도 있다.

앞 구절을 읽을 때는 뒤 구절이 없는 것처럼, 이 책을 읽을 때
는 저 책이 없는 것처럼, 이렇게 책을 읽어야 소득이 많다.

그래도 사람은 변덕스럽고 호기심이 많은 법이라 어쩔 수
없이 자꾸 다른 책에 눈길이 가는 듯하다. 청나라 때 문학가
신함광申涵光은 아예 책상에 책을 한 권만 놓으라 했다.

책을 읽을 때는 읽는 책 이외의 다른 책은 모두 감춘다. 책을
다 읽은 다음에 다른 책으로 바꾸어 놓는다. 이렇게 해야 마
음을 집중하여 몰두할 수 있다.

한 권을 처음부터 끝까지 읽다

이것저것 닥치는 대로 읽는 습관이 가장 나쁘다.
『근사록』近思錄에서 말했다. "이 책을 다 읽지 않고 다른
책을 집어 들면, 성공하기 힘들다." 내 평생에 가장
손해를 본 것도 저런 독서법 때문이다.

『참마록』懺摩錄

청나라 때 시인 팽조손彭兆蓀은 산만했던 독서법을 이렇게
후회했다. 그렇다면 어떻게 책을 읽어야 할까? 청나라 때
학자 증국번의 말을 들어 보자.

어떤 책을 읽든 처음부터 끝까지 전부 읽으라. 그렇게 하지
않고 몇 쪽 읽고 몇 마디 기록하고 이런 식으로 독서를 해서

는 그 책의 전체적인 틀과 핵심을 알 수 없다. (……) 시詩를 배우려면 반드시 먼저 어느 한 사람의 문집文集을 읽어라. 이 사람 저 사람 문집을 듬성듬성 봐서는 안 된다. 먼저 어떤 한 문체文體를 배우도록 해야지 다양한 문체를 동시에 배우려고 해서는 다 놓친다. 어떤 한 문체를 익히면 다른 문체도 어렵지 않게 깨우칠 수 있기 때문이다.

그런데 이게 쉽지 않다. 대작『자치통감』資治通鑑을 편찬한 송나라 때 사마광도 쉽지 않음을 인정했다.

책을 읽을 때 첫 쪽부터 끝까지 읽는 학자는 드물다. 대개 중간부터 읽거나 끝 부분만 읽거나 여하간 마음 내키는 대로 읽는데 그것도 끝 장까지 다 읽지 못하더라. 내 성격에서 집중력 하나는 상당하다고 자부하는데도 이게 사실 힘들다. 내가 알기로 오직 한 사람, 하섭何涉 선생이 계신데 그분의 책상에는 오직 한 권의 책만 놓여 있다. 그 책을 처음부터 끝까지 읽어 나가며 틀린 글자를 잡아내 고치면서 끝까지 보는 것이었다. 그 책을 다 보기 전에는 결코 다른 책에 손대지 않았다.

그러므로 송나라 때 철학가 여조겸呂祖謙의 다음 이야기를 음미할 필요가 있다.

공부를 하려면 일단 경서經書 중에 한 부를 택해 연구한다. 경서 한 부에 통하면 다른 경서는 자연스럽게 연결되어 통하게 된다. 역사는 『춘추좌씨전』부터 『오대사』五代史까지 순서대로 읽어서 위에서 아래까지 관통한다. 그 밖의 책을 읽을 때도 반드시 첫 장부터 마지막 장까지 순서대로 읽는다. 만일 이 책 저 책 앞에 잔뜩 벌여 놓고 오늘은 이 책을 좀 읽고 내일은 저 책을 조금 읽다 보면, 앞부분은 생각나는데 뒷부분이 가물거린다거나 중간은 알겠는데 앞뒤가 무슨 내용인지 모르게 된다. 그런 식으로 공부하는 사람치고 성공하는 예를 못 봤다.

대학원에 진학하면 이른바 전공을 정하고 그에 집중하는 것도 같은 맥락이다. 꼭 학문을 연구하는 것이 아니라 취미로 독서를 하더라도 어떤 책이든 일단 책을 잡으면 첫 페이지부터 마지막 페이지까지 다 읽는 습관을 들이는 것이 좋다. 이렇게 습관이 들면 어떤 결과가 나올까? 단순한 독서 취미가 전공으로 연결되고, 그 전공이 새로운 삶의 밑천이 될 수도 있다.

조금만 외우기

대진戴震이 단옥재段玉裁에게 말했다. "내가 십삼경十三經▶의 소疏를 모두 기억하지는 못한다. 그러나 경문과 주注는 모두 암송한다."

『대동원 선생 연보』戴東原先生年譜

청나라 때 사상가 대진의 제자가 단옥재이다. 그러니 이 말은 스승이 제자에게 직접 한 말이다. 중국 고전을 전공하는 사람이 이런 글을 읽으면 그저 경탄할 따름이다. 나는 본문을 해독하기도 바쁜데 본문과 주注는 물론 암송하고 소疏도 대략 기억한다니 말이다. 그런데 대진만 그런 것이 아니었다. 청나라 초기의 대학자였던 고염무도 십삼경을 암송했다.

　중국의 핵심 고전을 암송하면 무엇이 좋을까? 송나라 때 사상가 장재는 이렇게 설명했다.

　밤에 심사숙고를 하거나 혹은 조용히 명상에 잠겼을 때 암송해 놓은 것이 없으면 생각이 일어나지 않는다. 물론 주제와 핵심을 파악해야만 쉽게 암송할 수 있다.

　암송을 했다면 수많은 자료가 머릿속에 깔린 것이니 그곳에서 온갖 생각이 발효되지 않겠는가. 물론 일일이 책을 찾아보지 않아도 되니까 편리한 것은 두말할 필요도 없다. 하지만 그 많은 고서를 어떻게 다 읽고 또한 암송까지 한단 말인가. 이에 청나라 때 학자 장영은 이렇게 권했다.

　글을 많이 읽을 필요도 없다. 좋은 글, 유창한 글, 품격이 있는 글, 아름다운 글을 골라라. 많으면 10편, 적으면 60편 정도면 된다. 선정한 글을 숙독하여 그 글과 내가 하나가 되게 해야 유익하다. 이것저것 자꾸 탐하거나 두루 넓게 읽으려고 하면 설령 읽었다 해도 고개를 돌리면 잊을 것이고, 정작 글을 쓸 때도 자기와 따로 놀 것이기에 붓을 대도 여전히 옛날의 내 모습일 뿐이다. 그러므로 생각이 항상 막히고 단어는 궁색하며 뜻은 메말라 푸석푸석하다. 책을 읽어 봐야 정신만 사납고 실로 얻는 게 없다면 그것은 숙달되게 읽지 않았고 읽었어도 제대로 소화하지 못했기 때문이다.

나도 대학 시절에 공부를 좀 해 보겠다고 중국 역대 산문 명작을 한 10편 정도 뽑아서 암송한 경험이 있다. 굴원의 「어부사」漁父辭부터 도잠陶潜의 「도화원기」桃花源記까지 암송했던 것 같다. 처음에는 몰랐는데 암송의 분량이 늘어가자 고작 그 10편의 암송을 밑천 삼아 결국 원문으로 『논어』도 읽어 보고 『사기』도 접하게 되었다. 지금 생각하면 그때 좀 더 의욕을 내고 욕심을 부려서 장영이 권한 대로 60편까지 암송했더라면 실력이 일취월장했겠다는 생각에 아쉬움이 많이 남는다.

중국 고전을 전공으로 삼고자 하는 사람은 말할 것도 없고 중국 고전을 취미로 공부하려는 사람도 장영이 권고한 내용을 충실히 이행한다면 틀림없이 좋은 결과가 있을 것이다.

▶십삼경(十三經): 경서(經書) 13종을 총칭하는 말이다. 우리가
흔히 말하는 사서삼경(四書三經)에서 사서는 『논어』, 『맹자』,
『대학』, 『중용』, 삼경은 『시경』, 『서경』, 『역경』(易經)으로 모두
7부이다. 삼경(三經)이 아닌 오경(五經)이라고 할 때 추가되는
책이 『예경』(禮經)과 『춘추경』(春秋經)인데, 여기서 『예경』은
『주례』(周禮), 『의례』(儀禮), 『예기』(禮記)의 3부로 구성되어
있고(삼례三禮), 『춘추경』은 『좌씨전』(左氏傳), 『공양전』(公羊傳),
『곡량전』(穀梁傳)의 3부로 구성되어 있다(춘추삼전春秋三傳).
그러므로 7(사서삼경)+3(삼례)+3(춘추삼전)=13경이다.
그런데 사서 중에 『대학』과 『중용』이 『예기』에서 나온 것이므로
그 대신에 『효경』(孝經)과 『이아』(爾雅)를 추가하여 13경으로
남송 때 확정했다. 구경(九經)은 삼경, 삼례, 춘추삼전을
합한 것으로 당나라 때 확정되었다.

베껴 쓰기로 하는 공부

나는 어릴 때부터 베껴 쓰기를 좋아했다. 나이가 들자
베껴 쓰기를 더욱 좋아하여 얼핏 본 책이라도 모두
필기를 했다. 나중에 필사본을 다시 읽으면 즐거운
마음이 더욱 깊어졌다. 필사를 성격상 좋아했고 또한
필사가 습관이 되다 보니 책을 베껴 쓰는 일에 싫증이
나지 않았다.

『남사』南史 「왕균전」王筠傳

책을 읽을 때 좋은 구절이나 마음에 드는 내용을 만나면
어떻게 하시는지? 유심히 살펴보면 천태만상이다. 자기 책
인 경우는 책의 모서리를 접기도 하고, 컬러 인덱스를 붙이
기도 하고, 펜으로 밑줄을 쫙 긋기도 하고, 책의 전후좌우
빈 공간에 느낌을 몇 자 적기도 하는 등 성격에 따라 다양하
게 표기를 하는 것 같다. 그럼 남의 책이거나 도서관에서 빌

린 책이면 어떻게 할까? 남북조 시대 양梁나라의 문인 왕균
王筠처럼 공책을 한 권 마련하여 좋은 구절이나 마음에 드는
내용을 그대로 필사하는 것만으로도 좋은 공부가 된다.

여기서 한 걸음 더 나아가서 그 책의 요점을 정리하고 필
기하여 남긴다면 대단한 공부를 했다고 할 수 있다. 생각해
보라. 책의 요점을 필기하려면 건성으로 책을 읽어서야 되
겠는가? 정신을 집중하여 읽어야 하는 데다 요점을 정리하
려면 중요한 부분을 몇 번이고 읽어야 해 정독하고 다독하
게 된다. 따라서 자기 책이라 할지라도 독서를 하면서 필사
를 한다거나 요점을 정리한다면 이는 대단히 좋은 공부 방
법이다. 남북조 시대 학자 갈홍이 실제로 그렇게 공부했다.

나는 수많은 책을 초록했는데 읽는 책마다 주제와 핵심을 요
약했다. 이렇게 하니까 공부는 적게 해도 수확이 많았고, 생
각이 정리되면서 견문이 넓어졌다.

필사가 귀찮다면 지금은 디지털 시대이니 자신의 블로그
나 페이스북 같은 소셜 네트워크 서비스SNS에 이 작업을
해도 괜찮을 것이다. 다른 사람과 그 내용을 공유하면 서로
의견을 교환할 수도 있으니 더욱 좋지 않겠는가.

인쇄술이 발명되기 전에는 책이 귀했다. 좋은 책이 있으면 사정해서 빌려 와 그대로 베껴 써야만 한 까닭에 그런 일을 전문적으로 하거나 직업적으로 하는 사람이 생겨났다. 남북조 시대에는 경생經生이라 했고, 당나라 때는 관청에 소속돼 그런 일을 하는 사람을 가리켜 어서수御書手, 서수書手, 해서수楷書手, 서령사書令史 등으로 불렀다. 물론 민간에도 직업적으로 책을 베껴 쓰는 사람이 있었는데 필사에 고용되었다 하여 용서傭書라 칭했다.

한나라 때 회남왕 유안劉安은 책을 좋아하여 민간에 좋은 책이 있으면 빌려 와 깨끗이 필사한 후 복사본을 주고 원본은 자기가 간직했다. 물론 후한 상금을 내린 덕에 사람들이 다투어 책을 바쳤다는 기록이 있다. 유안이 남긴 책이 유명한『회남자』淮南子이다. 중국 고전문학 비평의 최고 걸작으로『문심조룡』文心雕龍이란 책이 있는데 그 책의 저자인 유협劉勰도 한때 산사에서 불경을 필사했다.

당나라 때 학자 장삼張參은 늙어서도 틈만 나면 구경九經을 손수 베껴 썼다. "책을 읽는 것은 책을 베껴 쓰는 것만 못하다"라고 믿었기 때문이다. 이런 전통이 있기 때문인지 송나라 고종은『한서』漢書「광무기」光武紀를 손수 베껴 쓴 뒤 집정執政(지금의 부총리) 서부徐俯에게 하사하며 말했다.

경이 짐에게 「광무기」를 읽어 보라 권했는데, 짐이 생각하기에 열 번 읽는 것이 한 번 쓰는 것만 못하다고 여겨 직접 써 봤소이다. 기념으로 경에게 드리오.

메모의 여러 가지 효과

호원胡瑗 선생이 학생을 가르칠 때 일이다. 시간이
날 때마다 작은 종이에 옛사람의 좋은 말씀이나
시문 등을 적어서 벽에 붙여 학생들이 오가며 보아
숙달되도록 했다.

『곤학기문』困學紀聞

호원은 송나라 초기의 학자로 이학理學의 선구자이다. 그
의 제자가 정이程頤이고, 정이의 제자가 주자朱子이다. 공부
에 뜻을 두고 고향을 떠나 산동성 태산泰山의 서진관棲眞觀으
로 들어가 십 년 동안 정진했다. 학업에 열중하고자 집에서
편지가 오면 펼쳤다가 '평안'平安이란 두 글자만 보이면 더
이상 읽지 않고 던져 버렸다. 그런데 시험 운이 좋지 않아

과거에 일곱 차례나 낙방했다. 이에 과거를 포기하고 교육 사업에 매진해 사립학교와 공립학교의 책임자를 두루 맡아 영재를 양성했다. 물론 그 뒤로는 인품과 학문을 인정받아 국가 최고교육기관 국자감國子監의 교수로 초빙되었고 태자의 스승까지 역임했다.

호원은 책을 읽다가 좋은 구절이나 내용이 있으면 쪽지에 써서 벽에 붙여 학생들이 오고 가며 수시로 읽게끔 했다고 한다. 우리가 격언을 써서 좌우명처럼 책상머리에 붙였던 것과 다를 바 없다.

그런데 근대의 저명 번역가 임서林紓는 쪽지에 쓰는 정도가 아니라 아예 큰 종이에 써서 책상을 덮어 놓았다. 책상을 이용하려면 종이를 치워야 하는데 그때마다 한 번씩 읽으려고 일부러 그런 것이다.

사십 년간 한유韓愈의 글을 읽었다. 처음에 한유의 명문을 구했을 때, 종이에 필사를 하여 보자기처럼 책상을 덮어 놓았다. 매일 펼쳐서 읽고, 읽은 다음에 다시 덮어 놓았다. 며칠 뒤에는 다른 작품으로 바꾸었다. 사십 년간 한유의 전집을 이런 식으로 십여 차례 읽었다. 한유의 작품을 읽었던 방법으로 『좌전』, 『장자』, 『사기』, 『한서』까지 읽었더니 그 심오한 뜻

三

이 파악되지 않는 바가 없었다.

메모가 인격 수양에도 도움이 된다는 것은 청나라 때 학자 장백행이 실례를 들었다.

진사현陳士賢은 격언을 볼 때마다 별책에 기록하여 실천하려고 노력했다. 호강후胡康侯는 성격이 좀 엄격한 편이라 책을 읽을 때마다 무릇 '넓을 관'寬이 들어간 구절만 보면 수첩에 메모했다.

글을 아름답고 풍부하게 꾸밀 때에도 메모가 위력을 발휘한다. 청나라 정치가 증국번은 자제들에게 메모와 관련하여 잔소리를 많이 했는데 유심히 들어 보면 다 일리가 있는 이야기였다.

문장을 아름답고 풍부하게 꾸미려면 품위 있는 문구를 종류별로 수집해서 기록해 놓아야 한다. 원매袁枚, 조익趙翼, 오석기吳錫麒 등이 모두 그런 소책자를 지참하고 다닌다는 것은 이미 다 알려진 사실이다. 완원阮元이 학정學政(지금의 교육감)일 때 학생의 수첩을 수거하여 세심히 점검했다. 혼자 힘으로 열심히 필사하고 나름대로 조리 있게 학업을 했으면 진급을 시켰고, 남에게 시켜서 했거나 적당히 때운 학생은 관례대로 야단치고 벌을 주었다. 완원은 대학자인데도 문인이라면 그런 수첩을 지니지 않아서는 안 된다는 점을 알고 있었다. 한유는 사건을 기록할 때는 관건을 짚고, 말씀을 기록할 때는 심오함을 뽑는데, 이 역시 종류별로 그 요지를 수첩에 기록한다는 말이다. (……) 네가 일전에 『설문해자』說文解字, 『경의술문』經義述聞을 봤다는데 그 두 책에서도 초록할 것이 많다. 이 밖에도 강영江永의 『유액』類腋을 비롯하여 『자사정화』子史精華, 『연감류함』淵鑒類函은 초록할 만한 것이 더욱 많다.

책을 읽을 때마다 수시로 좋은 구절이나 참고할 만한 내용을 메모하고, 메모가 많아져서 그것을 종류별로 정리하면 글을 쓸 때 참고가 된다. 중국 도서 중에 '유서'類書라는 것이 있다. 수많은 고서의 자료를 수집하여 종류별로 나열하거나 발음순으로 배열하여 검색하기 좋게 만든 자료집이다. 앞의 인용문에서 언급된 『유액』, 『자사정화』, 『연감류함』 이외에도 『예문류취』藝文類聚, 『옥해』玉海, 『태평어람』太平御覽, 『패문운부』佩文韻府, 『변자류편』騈字類編, 『고금도서집성』古今圖書集成 등이 모두 그런 책이다. 증국번은 자제들에게 '개인에게 특화된 맞춤형' 유서類書를 직접 만들어 보라 조언한다. 이를 직접 해 보면 실로 엄청난 공부임을 깨닫게 될 것이다.

끈기

배우는 자는 따분함과 고생을 견뎌야 한다.

『주자어류』朱子語類

공부가 마냥 즐겁지는 않다. 때로는 따분하거나 고생스럽기도 한 것이 공부다. 그러니 사람들은 될 수 있으면 미루려고 한다. 청나라 때 정치가 호달원胡達源은 공부할 때 가장 무서운 것이 바로 '다음'이라고 했다.

공부할 때 가장 무서운 것이 '다음'이다. 오늘 일을 다음 날로 미루고, 이달의 공부를 다음 달로 미루고, 올해 공부를 다음 해로 미루는 것이다. 공부의 요령과 핵심은 '익는' 것이다. 수시로 펴 보면 눈에 익는다. 수시로 중얼거리면 입에 익는다. 수시로 생각하면 마음에 익는다.

익숙해지려면 매일 꾸준히 해야 하지 않겠는가. 송나라 때 주자朱子도 미루지 말라고 당부했다.

요즘 사람들은 공부한다면서 즉시 시작하지 않고 항상 미루려고 한다. 오늘 아침에 일이 있고 점심때 일이 없으면 곧 점심때 하면 된다. 점심때 일이 있으면 저녁에 하면 되는 것인데 꼭 그다음 날로 미룬다. 이번 달이 아직 며칠 남았는데도 꼭 다음 달부터 하겠다고 미룬다. 올해 아직 몇 달 남았으면 바로 공부를 시작하면 되는데 꼭 이렇게 말한다. "올해도 거의 다 갔으니 내년부터 하자." 이런 식으로 공부해서야 무슨 발전이 있겠는가!

공부를 미루어서는 안 된다 함은 매일 규정된 시간에 규칙적으로 꾸준히 해야 효과가 있다는 뜻이다. 마치 식사와 같다. 하루에 세 끼를 규칙적으로 꾸준히 먹어야 건강해지는 것이지, 하루는 한 끼만 폭식하고, 하루는 아예 안 먹고, 또 하루는 네 끼 다섯 끼를 먹고, 이런 식으로 불규칙하게 식생활을 하면 몸이 망가진다. 마찬가지로 공부나 독서도 정량을 매일 규칙적으로 할 때 계속할 수 있고, 그것이 쌓이면 실력이 된다.

송나라 때 문학가 진관秦觀은 스승에게 들은 이야기를 소개했다.

소식 선생께 들은 이야기다. 선생은 매일 자정 전후까지 책을 읽었고, 만취하여 돌아와도 꼭 책을 펼치고 읽다가 너무 피곤하여 눈이 감길 때 비로소 잠자리에 들었다.

어떤 일이 있어도 매일 꾸준히 저렇게 공부했다는 것이다. 청나라 때 학자 육롱기는 큰아들에게 보낸 편지에서 역시 꾸준함과 끈기를 강조했다.

독서는 꾸준히 하는 것이 중요하지 속도에 있는 것이 아니다. 하루도 빠짐없이 계속하면 설령 읽는 분량이 적더라도 그것이 하루, 이틀, 한 달, 두 달 쌓이면 자연히 충분해진다. 그런데 그저 속도만 내려고 시시각각 노력하다 보면 매번 적당히 하게 되는데 이런 식으로는 평생을 해 봐야 성공할 수 없다.

얼핏 단순하고 미련해 보여도 조금이나마 꾸준히 공부하는 끈기가 실은 얼마나 대단한지, 송나라 때 정치가 정경로鄭耕老가 구체적인 수치까지 제시하며 설명한 부분을 확인하도록 하자.

사람 노릇을 하면서 먹고살려면 열심히 공부하는 것이 우선이고, 열심히 공부하려면 독서가 기본이다. 육경六經과 『논어』, 『맹자』, 『효경』의 글자를 따져 보겠다. 『시경』은 39,224자, 『상서』는 25,700자, 『주례』는 45,806자, 『예기』는 99,020자, 『주역』은 24,207자, 『춘추좌씨전』은 196,845자, 『논어』는 12,700자, 『맹자』는 34,685자, 『효경』은 1,903자로, 이 아홉 권의 경서經書의 글자를 모두 합하면 480,090자이다. 지능이 평범한 자를 기준으로 매일 300자씩만 낭독한다고 치자. 4년 반이면 다 읽는다. 조금 우둔한 자라고 하면 평범한 자의 절반만 읽는다고 쳐서 하루에 150자씩 읽으면 9년에 끝난다. 숙달되게 읽고 복습까지 하면 귀로 들어가고 마음에 새겨져서 오래되어도 잊지 않는데, 그 이유는 오로지 매일 꾸준히 하기 때문이다. 속담에도 있듯 "티

끌 모아 태산"이다. 그냥 하는 말이 아니니 후학은 분발하기
바란다.

우공이산愚公移山이 빈말이 아니다. 오대십국 시절 남당南
唐의 문학가 서개徐鍇는 집현전에서 책을 수집하고 정리하고
교열하면서 어두워지기 전에 귀가한 적이 없었다. 그가 집
에 돌아오면 늘 하는 말이 있었다. "자러 왔네." 집을 여관
으로 여긴 것이다. 명나라 때 학자 조단曹端은 하루도 빠짐
없이 책상에 앉아 저술에 매진했다. 책상 아래 발을 올려놓
는 벽돌 두 장에 구멍이 났다는 일화가 전설처럼 전해진다.

또 다른 독서법, 오디오북

석륵石勒은 문맹이라 사람을 시켜 『한서』를 읽게 해
소리로 들었다. 역이기酈食其가 유방에게 여섯 제후국의
후손을 왕에 봉하라고 권하자, 유방이 도장을 새겨
주려고 했다. 석륵이 크게 놀라 소리쳤다. "망했다.
유방이 어떻게 천하를 얻었지?" 장량이 반대하는 내용이
나오자 말했다. "장량 덕분이었군!"

『세설신어』世說新語 「식감」識鑒

석륵은 어릴 때 부락에 기근이 들자 가족과 헤어져 유랑
하다가 인신매매를 당해 노예로 팔려 가기도 했다. 그러나
점차 능력을 발휘하여 용병에 참여했고 급기야 군벌의 장수
로 활약하다가 마침내 남북조 오호십육국 시대에 후조後趙
의 창건자가 되었다. 노예 출신의 첫 황제가 나온 것이다.

석륵은 배움을 즐겼지만 까막눈이라 정작 책을 읽을 수는

없었다. 그리하여 유생에게 책을 읽어 달라 하여 소리로 들었다. 한번은 유생이 읽는 『한서』를 들었다. 항우項羽가 형양榮陽을 포위하여 유방이 궁지에 몰렸을 때의 이야기였다. 이때 유방은 역이기의 전략을 받아들여 전국 시대 각 제후국의 후예를 제후에 임명하면 모두 들고일어나 항우를 공격하리라 믿었다. 역이기가 제후왕의 인장을 한창 준비하고 있을 때 마침 장량이 들어왔다. 유방이 자랑스럽게 역이기의 전략을 소개하자 장량은 여덟 가지 이유를 들어 이 전략이 악수라고 진단했다. 깜짝 놀란 유방은 먹던 밥을 뱉어내며 욕설을 퍼부었다. "역이기 그놈의 자식이 하마터면 이 어르신의 일을 망칠 뻔했네!" 석륵은 비록 문맹이었지만 식견이 남달리 뛰어났다. 역이기의 전략에 따르면 망한다는 것을 깨닫고 크게 놀라 이렇게 소리쳤다. "망했다! 그런데 유방이 어떻게 천하를 얻었지?" 곧 이어 장량이 반대하는 내용에 이르자 그는 비로소 안도하며 장량 덕분임을 확인했다.

석륵은 까막눈이지만 독서를 좋아했기에 중국 역사상 최초의 '오디오북'을 들은 것이다. 노안이 심해지거나 안질로 인해 앞을 못 보는 사람 또한 이렇게 책을 읽었다. 송나라 때 손각孫覺이 그런 경우였다.

손각은 독서를 좋아했다. 나이가 들어 안질이 심해지자 책을 읽을 수 없었다. 이에 사병 중에 글을 좀 알고 철이 든 자로 두 명을 뽑고, 아들을 시켜 『춘추좌씨전』, 『한서』 등을 가져와 끊어 읽는 법을 가르치게 했다. 손각은 눈을 감고 바르게 앉아 사병 두 명을 양옆에 앉히고 교대로 책을 읽도록 했다. 한 단락을 끝내면 다른 한 명이 교대했다. 끝날 때마다 술을 한 잔씩 주었다. 사병들은 술을 얻어먹는 재미에 책을 읽어주는 일을 마다하지 않았다. 눈이 침침하거나 안 보이는 노인의 독서법으로 추천할 만하다.

눈은 보이지만 '오디오북'을 활용한 사람도 있다. 청나라 초기의 학자 고염무는 필기하기, 다시 읽기, 맞춰 읽기라는 방법으로 책을 읽었다. 그는 책을 읽을 때마다 열심히 필기했고, 그렇게 하여 나온 책이 유명한 『일지록』이다. 다시 읽기란 일종의 복습법인데, 매년 봄과 가을에 여름과 겨울에 읽은 책을 복습했다. 그러니 일 년의 절반은 새로운 책을 읽고, 나머지 절반은 읽었던 책을 다시 읽으며 복습한 것이다. 고염무의 기억력이 좋은 비결이 여기에 있었다. 마지막인 맞춰 읽기는 독특하다. 게임처럼, 같은 책을 두 권 마련하여, 한 권은 자기 앞에 놓고, 다른 한 권은 사람을 시켜 낭독하게 했다. 그리고 눈을 감고 낭독하는 소리를 들으며 중얼중얼 같이 따라 읽었다. 자기가 기억하는 내용과 낭독하는 내용에 차이가 있으면 즉시 멈추도록 하고 앞에 놓인 책을 펼쳐서 자신이 잘못 기억한 부분을 확인하고 바로 교정했다. 그다음에는 그 부분을 여러 차례 큰 소리로 낭송했다. 고염무의 학문은 이런 식으로 단련된 것이다.

나이와 공부

어릴 때는 집중하여 예민하지만 나이가 들면 산만하여
둔해진다. 그러므로 기회를 놓치지 말고 어릴 때부터
공부해야 한다. 짐이 예닐곱 살 때 읽었던 경서經書는
오륙십 년이 지난 지금도 여전히 기억하는데 스무 살
이후 읽은 경서는 꾸준히 복습하지 않으면 잊어버린다.
어린 시절에 불행히 공부 기회를 놓쳤다면 나이 들어서
더 열심히 공부해야 한다. 어릴 적 배우면 뜨는 해 같고,
나이 들어 배우면 촛불 같다. 늦게 시작했어도 배우지
않는 것보다는 훨씬 낫다.

『정훈격언』庭訓格言

청나라 강희제康熙帝의 말이다. 어릴 때부터 독서를 좋아
하고 스스로 찾아서 공부를 한다면 그보다 좋은 일이 어디
있겠는가. 그러나 그게 어디 흔한 일인가. 강희제가 오히려
특수한 경우다. 어릴 때는 그저 몸 건강하고 심성만 바르게
커도 충분하다. 다만 어릴 때 총명하다고 마냥 놀게 놔두면
그것이 습관처럼 되는 게 문제이다. 송나라 때 문인 진관의

이야기가 재미있다.

젊어서 공부할 때는 한 번 보면 암송했고 외워서 써 보면 별로 틀린 것이 없었다. 이에 자부심이 넘쳐서 무위도식하는 친구들과 어울려 놀며 한 달에 공부는 며칠 하지 않았다. 기억력은 뛰어났지만 놀다 보니 망했다. 최근 몇 년 동안 지난 일을 후회하고 반성했다. 다시 열심히 공부하려고 하는데 총명이 예전의 열에 한둘에도 미치지 못하는 것 같다. 책을 몇 번이나 읽었지만 일단 책을 덮으면 아득해져서 생각이 안 난다. 비록 각고의 노력으로 독서를 해도 건망증이 심하니 괴롭다. 개탄스럽다! 내 공부를 망친 것은 자부심과 게으름이다. 근자에 『제사』齊史를 보는데 형소邢邵가 손건孫搴에게 독서를 권하자 손건이 대꾸한 말을 읽었다. "내가 다루는 정예 기병 삼천 명은 재상께서 거느린 약졸 수만 명과 충분히 대적할 수 있습니다." 내심 멋진 말이라 여겼다. 이에 경서와 제자백가, 역사서 등에서 공부로 삼을 만한 내용을 뽑아 몇 권으로 엮었다. '정예 기병의 모음'이란 뜻에서 책 제목을 『정기집』精騎集으로 지었다. 아이고! 젊어서 놀았으니 어찌하겠는가. 나이가 들어 건망증이 심하니 이것으로 보충하련다.

나이가 들면 신경을 써야 할 일도 많아지니 당연히 머리가 복잡하다. 공부는 정신을 집중해야 하는데 쉬울 리가 없는 것이다. 그런데 늙어서 하는 공부에도 좋은 점이 있다. 독서에 심취하면 남아도는 시간이 무료하지 않다. 또한 새로운 것을 알아 가는 재미에 일상의 사소한 일에 얽매이지 않게 되고, 나의 일이 바쁘기 때문에 공연히 아랫사람에게 하는 잔소리도 자연히 줄어들게 된다. 게다가 공부는 머리를 쓰는 것이니 치매 예방에도 좋지 않겠는가. 청나라 때 학자 정진방程晉芳은 예순에도 매일 공부했다.

정진방은 나이 예순이 되어도 매일 스스로 정한 일과에 따라 경서經書와 사서史書를 읽었다. 경서는 몇 장章, 사서는 몇 권, 옛사람의 시문집은 몇 편을 읽었는지 읽은 만큼 종지에 팥알을 담았다. 저녁에는 팥알의 개수를 세었다.

나이 예순이면 지금이야 경로당에 가도 대접을 못 받지만 예전에는 회갑 잔치를 할 정도로 연로한 것이었다. 그런 나이에 저리 열심히 공부한 것이니 대단하다. 역사를 거슬러 올라가면 남북조 시대 동진東晉의 학자 서광徐廣은 여든이 넘었어도 해마다 오경五經을 한 번씩 읽었다. 송나라 때 문인 진찬陳瓚은 박식했는데 아흔이 넘었어도 여전히 열심히 공부했다. 그러니 건강만 허락한다면 나이는 그저 숫자일 뿐이다.

다만 젊은이와 늙은이의 공부 범위나 방법은 달라야 할 것이다. 송나라 때 대학자 주자는 이렇게 조언했다.

젊은이와 늙은이의 공부는 다르다. 젊었을 때는 힘이 넘쳐서 무슨 책이든 읽고 책에 담긴 뜻을 끝까지 따져서 끝장을 보려고 한다. 늙으면 힘이 달리니까 중요한 책을 택해 정력을 집중해야 한다. 나이가 들면 책을 한 권 읽어도 나중에 다시 읽을 일이 없다는 생각으로 차분하게 마음을 가라앉히고 음미하면서 깊은 뜻까지 연구해 보는 것이 좋을 듯하다.

역지사지하며 공부하다

역사서를 읽을 때, 대개 태평성대를 보면 태평성대인가
보다, 난세를 보면 난세인가 보다, 무슨 사건을 보면
무슨 사건인가 보다 하고 만다. 이런 식으로 역사서를
읽어서야 무슨 소용이 있겠는가? 역사서를 읽을 때는
내가 마치 그 사건의 당사자인 양 사건의 이해관계를
살피고, 그 사건으로 야기되는 폐해가 무엇인지 파악한
다음, 반드시 책을 덮고 생각에 잠겨, 내가 그런 일을
겪으면 어떻게 처리하고 어떻게 처신할까 심사숙고해
봐야 한다. 이런 식으로 역사를 읽어야 학문이 늘고
식견이 높아진다. 이런 식으로 역사를 읽어야 유익하다.

『선정독서결』先正讀書訣

송나라 철학가 여조겸의 이 말은 역사서를 읽으면서 마치
내가 그 시대에 사는 것처럼, 즉 자기 일처럼 생각하고 독서
하라는 뜻이다. 송나라 때 정치가 장구성張九成도 같은 취지
로 말했다.

당나라 역사를 읽는다고 하자. 그러면 내가 당나라 때 사람

이 되어 그 역사에 참여한 것으로 생각해 본다. 황제의 성격과 감정은 어떠한가? 임명한 재상은 어떠한가? 당시 조정의 사대부 중 누가 군자인가, 누가 소인인가? 일을 처리함에 누가 타당했는가, 누가 잘못했는가? 이런 것을 내 가슴속에 일목요연하게 정리하여 입으로 말하고 손으로 가리킬 수 있으면 모든 상황을 숙지한 셈이니 나중에 현실에서 일을 처리할 때 틀림없이 다른 사람보다 뛰어날 것이다. 과거에 있던 희로애락이 모두 내 가슴속에 차곡차곡 정리되어 있다면, 그런 것이 바탕이 되어 글로 나온다면 문장은 공리공담에 그치지 않을 것이다.

역사서만 그런 것이 아니라 경서經書를 볼 때도 나의 일로 여기고 읽어야지 그저 문장이나 탐하는 독서법은 소탐대실이라는 말이다. 그러므로 송나라 때 학자 이동李侗은 이렇게 말했다.

책을 읽을 때는 책 내용을 모두 나의 일로 여기고 나를 되돌아본다. 그러면 성현이 도달한 경지에 내가 도달하지 못한 것이 있을 테니 그렇게 되도록 노력하는 것이다. 그런데 그저 문장만 살피면서 글에 써먹을 궁리만 하면 그것은 완물상지玩

物喪志, 즉 '기호에 빠져 중요한 것을 놓치는' 꼴이 아니겠는가.

글에 써먹을 궁리나 한다는 말은 예전 같으면 과거 시험용이란 뜻이고, 지금 같으면 이런저런 시험 대비용이란 뜻이다. 그런 식의 독서라면 차라리 책이 없는 것이 낫다고 청나라 때 실학파 안원顏元은 심하게 비판했다.

책이 세상을 병들게 한 지 오래되었다. 책이 생기면서 세상 사람을 괴롭혔는데 책을 찾아 읽는 사람은 스스로를 괴롭히는 것이다. 그런데도 세칭 대학자란 자는 세상 책을 모두 읽을 듯 나대면서 책마다 삼만 번은 읽어야 한다고 하고, 또한 그런 식으로 모범을 보이며 앞장서고 있다. 역대 제왕이나 재상이 관직으로 유혹하자 세상 사람은 쓸데없는 해석이나 헛된 내용에 몰두하게 되었다. 이제 진정한 성현이나 호걸이 나서지 않으면 이런 병폐를 개혁할 수 없다.

고전을 수험용으로 읽게 되면 어떤 일이 벌어질까? 청나라 때 문인 왕사정王士禎이 이런 일화를 소개했다.

포정사布政使(지금의 도지사) 송려상宋荔裳이 어릴 적 서당에서 공부활 때 일이다. 누군가 근엄한 표정으로 들어왔다. 알고 보니 진사進士에 급제한 사람이었다. 그 어르신이 물었다. "아가야, 무슨 책을 읽고 있느냐?" 송려상이 『사기』라고 대답하자, 어르신이 다시 물었다. "누가 지은 책인가?" 송려상이 공손히 아뢰었다. "태사공太史公입니다." 어르신이 또 물었다. "태사공은 무슨 과科에 진사 급제하신 분인가?" 송려상이 아뢰었다. "한나라 때 태사太史였지 지금 진사가 아닙니다." 어르신이 책을 들어 몇 장 넘기더니 바로 던지며 훈계했다. "역시 별거 아니군. 읽는다고 무슨 도움이 되겠느냐." 어르신이 고개를 치켜들고 나갔다.

이 글의 제목은 「진사부독사기」進士不讀史記로, 진사에 급제한 사람은 사마천의 『사기』를 읽지 않는다는 뜻이다. 시험 공부용 독서를 신랄하게 풍자한 글이다.

三

위로하는 독서

요즘 사람은 잡서를 즐겨 보지만, 도리를 논한 책은
기피한다. 첫째 이유는 따분하거나 질리기 때문이고,
둘째 이유는 자신을 채찍질하는 것이 싫거나
부담스럽기 때문이다. 이 두 가지는 모두 마음의 병인데
그중에서 채찍질을 싫어하는 증세가 특히 심하다.

「침행록」忱行錄

청나라 학자 소의진邵懿辰의 이 말은 대략 200년 전에 나
왔지만 지금 읽어도 수긍하지 않을 수 없다. 사실이 그렇지
않은가. 그런데 독서는 채찍질만 하는 것이 아니고 힘든 사
람에게는 위안과 위로를 주기도 한다. 그 자세한 이야기를
청나라 때 학자 장영에게 들어 보자.

사람의 마음은 지극히 민감하고 지극히 가변적이어서 너무 힘들게 해서도 안 되고 너무 편하게 해서도 안 된다. 오로지 독서만이 마음을 보살필 수 있다. 풍수지리 하는 사람을 보면 평소에 자석으로 바늘을 단련시킨다. 마찬가지로 책은 곧 마음을 보살피는 최고의 영약이다. 일 없이 한가한 사람이 종일 책 한 줄을 안 보면 일상생활은 물론이고 심신이 불안하여 이목을 어디에 두어야 할지 모르고, 그러다 보면 정신도 몽롱하여 망상에 빠지거나 걸핏하면 성을 낸다. 이런 사람은 안 풀리면 우울해하고 그럭저럭 풀려도 별로 기뻐하지 않는다. 딱히 하는 일이 없이 바쁘게 허둥대며 거동이 불안한 사람이 있는데 그런 사람은 틀림없이 책을 읽지 않는 사람이다.

『부생육기』浮生六記로 유명한 청나라 때의 심복沈復도 이런 말을 했다. 장영의 말을 거의 그대로 옮긴 것으로 보인다.

선현이 말씀하셨다. "바닥을 깨끗이 청소하고 향을 피우면 소박하나마 행복의 조건은 갖춰진 것이다. 복이 있는 사람은 책을 읽으며 행복을 누린다. 복이 없는 사람은 엉뚱한 생각이나 한다." 이 얼마나 멋진 말씀인가. 내가 깊이 탄복하는 말이다. 자고로 불행한 일을 겪으면 책을 읽지 않는 사람은 그런 일이 자기한테만 일어났다고 여겨 도무지 못 견디겠다고 아우성 친다. 그들은 옛날 사람이 당했던 일이 실은 그들보다 백배는 더 힘들었음을 모를 것이다. 세심히 살펴보지 않았고 또한 정말 그렇게 힘든 일을 겪어 보지 않아서 그렇다.

이야기는 송나라 때 문장가 소식, 당나라 때 시인 백거이 白居易, 송나라 때 시인 육유 등을 예로 들며 계속 이어진다.

예를 들어 보자. 소식은 죽은 뒤에 그의 글이 겨우 송나라 고종과 효종을 만나 세상에 알려지면서 천고에 명성을 누렸다. 하지만 생전에는 모함에 시달려 두려움에 떨었고 비웃음을 사며 우울하게 지냈다. 귀양살이까지 했는데 조주潮州, 혜주惠州 사이로 폄적되자 그의 아들 소과蘇過가 맨발로 아비를 업고 물을 건넜으며, 사는 곳이 거의 외양간 같았으니 이것이 도대체 어디 사람 살 일이었겠는가. 또 다른 예로 백거이는 아들이 요절하여 대가 끊겼고, 육유는 말년에 끼니를 잇지 못할 정도로 몰락하기도 했다. 이런 사실이 모두 책에 기록되어 있다. 방금 예로 든 이들은 모두 역사상 보통 뛰어난 인물이 아니다. 그런데도 이런 사람들이 겪은 일을 보면 이러하다. 그러니 진심으로 마음을 가라앉히고 조용히 살피면 세상의 힘

든 일은 나만 겪는 일이 아님을 깨닫게 되어 마음이 편안해
진다.

현대 중국을 개혁개방으로 이끈 등소평鄧小平도 문화대혁
명 때 온갖 박해를 다 당했으며, 친아들은 핍박 끝에 하반
신 장애인이 되기도 했다. 그 밖의 수많은 이가 얼마나 고생
을 하고 폐인이 되었는지는 중국 현대문학 장르 중에 '상흔
傷痕 문학'을 읽어 보면 생생히 느낄 수 있다. 책을 읽어야 비
로소 이런 사실을 알 수 있고, 따라서 세상의 괴로움을 나만
겪는 것이 아님에 위로와 위안을 받을 수 있다. 그런데 책을
읽지 않으면 어떨까? 장영이 계속 말을 잇는다.

그런데 책을 읽지 않으면 그저 내가 겪는 일이 제일 힘든 줄
안다. 원망과 한탄 그리고 분노만이 하염없이 내 마음을 태우
니 스스로 얼마나 자신을 괴롭히는 짓인가. 게다가 부귀영화
라는 것이 옛날 사람인들 누린 사람이 없겠는가. 한때 잘나가
면 기세가 하늘을 찌르지만 그저 한때일 뿐 시간이 지나면 다
허망해진다.

장영은 본인에 이어 아들까지 재상을 지내 집안이 부귀영

화를 누렸던 인물이니 범상히 받아들일 말이 아니다. 그는 이어서 다음 이야기로 마무리한다.

그러므로 독서는 도리를 알 수 있어 인격 수양에 최고이다. 지식을 쌓고 글을 쓰는 것이 세상 사람과 경쟁하려는 것이라면 물론 힘든 일이 된다. 그러나 가볍게 섭렵하려고 하면 그렇게까지 심신이 피곤하겠는가. 그저 차분하고 한적하게 선현이 하신 말씀의 핵심만 파악하면 되는데 말이다. 나는 백거이와 육유의 시를 읽으면서 그들의 작품마다 자세히 연도와 달을 표기했다. 그렇기에 그 사람들이 언제 잘나갔고 언제 자리에서 물러났으며 언제 망했는지 모두 명료하게 알고 있다. 세상의 영고성쇠가 무엇인지 잘 알고 있다.

이상은 장영의 『총훈재어』聰訓齋語에 수록된 내용이다.

눈으로 보는 글, 입으로 읽는 글

공부에는 눈으로 보고看(간), 입으로 낭독하고讀(독),
붓글씨를 쓰고寫(사), 작문하는作(작) 네 가지 방법이 있다.
모두 매일 해야 한다.

『가훈』家訓

청나라 정치가 증국번曾國藩이 아들 증기택曾紀澤에게 보낸
편지 앞머리에서 강조한 말이다. 입을 다물고 눈으로 읽는
것을 간看 혹은 관觀이라 하고, 입을 열고 소리를 내어 읽는
것을 독讀이라 한다. 산사의 스님이 낭랑한 목소리로 불경
을 읽는 것이 곧 독경讀經이다. 낭랑하게 읽는다고 하여 낭
독朗讀이라 하기도 한다. 큰 소리로 외치듯 낭독하는 것은

송誦이라 한다. 책을 보지 않고 큰 소리로 읽는 것이 암송暗誦, 책을 보면서 큰 소리로 읽는 것이 낭송朗誦이다. 증국번은 아들에게 그저 눈으로만 볼 글이 있고, 또 입을 열어 소리를 내어 읽을 글이 따로 있다고 자상하게 설명해 준다.

눈으로 보는 책은 네가 작년에 읽었다는 『사기』, 『한서』, 한유韓愈의 문장, 『근사록』近思錄, 올해 보고 있다는 『주역절중』周易折中 같은 책이다.

입으로 소리 내어 낭독할 책은 사서四書, 『시경』, 『서경』, 『역경』易經, 『좌전』 등 경서 그리고 『소명문선』昭明文選, 이백李白, 두보杜甫, 한유, 소식의 시, 한유, 구양수, 증공曾鞏, 왕안석王安石의 문장이다. 이런 것은 크게 소리 내어 낭독하지 않으면 웅장한 기개가 나타나지 않고, 담담하게 읊조리지 않으면 깊고도 아득한 운치가 드러나지 않기 때문이다.

부잣집에서 재산을 불리는 일에 비유컨대, 눈으로 본다는 것은 밖에 나가 장사를 하여 세 배의 이득을 보는 것이다. 입으로 낭독한다는 것은 집에 있는 재산을 잘 지키면서 함부로 낭비하지 않는 것이다. 전쟁에 비유하면, 눈으로 책을 보는 것은 적의 성을 공격하고 땅을 점령하여 영토를 늘리는 것이다. 입으로 낭독하는 것은 해자垓子를 깊게 파고 성벽을 견고히 쌓아 이미 확보한 영토를 지키는 것이다.

눈으로 책을 보는 것은 자하子夏가 말했듯 내가 모르는 것을 알려고 노력하는 것이다. 입으로 책을 낭독하는 것은 이미 알고 있는 것을 잊지 않으려고 노력하는 것이다. 이 둘을 모두 겸비해야 한다.

증국번은 다른 편지에서도 이와 같은 취지로 거듭 당부했다.

나는 작년에 군영에서 눈으로 보고, 입으로 낭독하고, 서예를 연습하고, 손으로 작문하라고 가르쳤는데, 이 네 가지는 하나라도 빠뜨려서는 안 된다. 네가 지금 『자치통감』을 본다는데 그것은 눈으로 보는 공부이다. 『설문해자』를 베껴 쓰고 있다는데 소리를 내어 읽으면서 베껴 쓰고 있다면 그것은 입으로 낭독하는 공부라고 할 수 있다. 붓글씨 연습은 하고 있는지? 『서보』書譜를 연습한다거나 기름 먹인 종이로 구양순歐陽詢 혹은 유공권柳公權의 해서楷書를 연습하면 너의 유약한 필체를 보완할 수 있을 것이다. 글씨 연습은 반드시 해야 한다. 네가 작년에 『소명문선』에서 멋진 글자를 종류별로 필기하여 작문의 재료로 삼는다던데 지금도 계속하고 있는지? 이미 끝났는지?

『소명문선』의 어휘를 종류별로 필기한다거나『설문해자』의 훈고訓詁를 종류별로 필기하고 있다면, 너는 평소에 작문이 너무 부족하여 그런 필기로 대신하는 셈이니 이런 공부도 역시 생략해서는 안 된다. 너는 열 살 남짓부터 스무 살까지 허송세월을 했다. 지금부터라도 눈으로 보고 입으로 낭독하고 베껴 쓰고 작문하는 네 가지 공부를 매일 빠뜨리지 않고 열심히 한다면 아직은 성공할 가능성이 있다.

저런 아버지가 계시면 좋긴 하지만 참 겁나기도 할 듯하다. 자신의 성공과 수준으로 다그치니 자식은 스트레스를 많이 받았을 것이다. 하지만 말은 맞는 말이다. 이미 작고한 학자로 전종서錢鍾書라는 유명한 사람이 있다. 그의 아버지가 전기박錢基博인데 이 사람도 대단한 학자였다. 전기박도 증국번의 편지를 인용하면서 눈으로 볼 책과 입으로 읽을 책이 따로 있으며, 그 두 가지 방법을 병행해야 하는데 학교 교육에서는 그것이 안 되고 있다고 개탄했다. 몇 마디만 인용한다.

입으로 낭독하는 것은 글의 아름다움을 즐기는 것이다. 눈으로 보는 것은 글의 깊은 뜻을 탐색하는 것이다. (……) 중국번이 아들 기택에게 보내는 편지에서 말했다. (……) 그렇다면 증국번이 아들을 가르칠 때도 역시 눈으로 보는 공부와 입으로 낭독하는 공부를 동시에 강조했음을 알 수 있다. 개인적인 생각인데, 낭독할 글은 감성적인 글이다. 묵독默讀할 글은 사변적인 글이다. 짧은 글은 낭독한다. 긴 글은 묵독한다. (……) 감정이 움직여 어깨가 들썩이고 팔다리가 춤을 추는 글은 낭독해야 한다. 사람을 깨닫게 하고 조리가 정연한 장편의 글은 눈으로 보아야 한다.

양계초의 조언

독서법에 대해 질문한다면 여러분에게 내가 하나
말씀드리겠다. 이 방법은 너무나 진부하고 무척이나
귀찮은 것이지만 가장 확실하고 가장 현실적인
방법이다. 책을 읽을 때 필기나 요점 정리를 하라는
것이다.

「치국학잡화」治國學雜話

근대의 학자 양계초粱啓超의 글에 실린 말로, 다음의 내용
역시 양계초의 글이다.

훌륭한 학자나 석학이 평소에 어떻게 공부했는지 들여다보면
그들에게는 예외 없이 무수한 수첩과 카드가 있음을 알 수 있
다. 그들은 책을 읽을 때 유용한 자료를 보면 즉각 기록한다.

짧은 내용은 전문을 베끼고, 긴 내용은 요약해 무슨 책의 몇 쪽이라고 표기한다. 그렇게 수집한 자료가 풍부해지면 안목으로 분석하고 정리하여 마침내 명작을 탄생시키는 것이다. 그런 흔적을 보고 싶으면 청나라 사학자 조익趙翼의 『이십이사차기』二十二史箚記, 청나라 정치가 진풍陳澧의 『동숙독서기』東塾讀書記를 읽어 보기를 권한다.

메모하거나 필기하거나 요약하는 작업은 참 무식하기도 하고 힘들기도 하다. 그러나 진정으로 학문을 하는 자는 이런 작업을 피하지 않는다. 동식물을 연구하는 자가 동식물의 표본을 열심히 채집하지 않고 그저 입으로만 새로운 발견을 했다고 선언한다면 누가 믿겠는가. 세상에는 그렇게 날로 먹는 일은 없다.

무언가 새로운 것을 발견하려면 일단 뭔가를 주목해야 한다. 계속 주목할 수 있는 가장 좋은 방법은 메모하고 필기하고 요약하는 것이다. 책을 읽을 때 어떤 자료가 유용하다고 판단되면 그것을 메모하거나 요약한다. 그러면 그 자료가 기억에 남을 것이다. 그저 생각 없이 읽어 가는 것과는 출발부터 다르지 않겠는가. 또 다른 책을 읽을 때 두 번째 자료가 눈에 들어온다고 하자. 그러면 그것을 또 메모하거나 요약한다. 그 내용은 기억에 더욱 남게 되고, 이런 식으로 횟수를 거듭할수록 기억은 강해지고 주목도는 높아질 것이다. 그렇게 되면 굳이 주목하려고 하지 않아도 책을 읽으면 그런 자료가 마구 눈에 들어와 점점 축적될 것이다.

선배 학자는 후배에게 섣불리 책을 내지 말라고 충고한다. 미숙한 책을 내면 본인이 망신을 당하는 것은 물론이고 타인에게도 피해를 주기 때문이다. 좋은 뜻으로 충고한 것이지만, 한편으로 젊은 사람에게 책을 내라고 권하는 것은 실은 공부로 유도하는 좋은 촉매가 된다. 가령 예를 들어서 『문헌통고』文獻通考의 「전폐고」錢幣考를 읽는다고 할 때, 역대 역사책의 「식화지」食貨志 중 화폐 부분을 그저 무덤덤하게 읽어서는 별 소득이 없다. 그런데 여러분이 만일 '중국화폐연혁고' 같은 제목으로 논문이나 책을 쓰고자 마음을 먹으면 그런 자료를 읽으면서 메모를 하고 필기를 하고 요약을 하는 등 꼼꼼히 읽을 것이다. 그렇게 자료를 수집하고 분석하고 정리하는 일련의 작업을 정말 제대로 했느냐 아니냐 혹은 그리하여 논문이나 책을 정말 냈느냐 아니냐는 둘째 문제이다. 그런 식으로 공부를 했으니 얼마나 공부가 많이 되었겠는가.

또 하나 예를 들자면, 『순자』荀子를 읽는다고 하자. A군은 그저 설렁설렁 읽는데 B군은 읽으면서 '순자학안'荀子學案을 쓰겠다는 각오를 가졌다고 하자. 『순자』를 읽은 뒤 두 사람의 느낌이 다를 것은 분명하지 않겠는가. 그러므로 나는 젊은 학생에게 저술하는 습관을 갖도록 권하고 있다. 그렇게 작업한 원고를 누구에게 보여 준다거나 훗날 책으로 낸다거나 하는 것은 여러분의 자유이다.

매일 읽는 책은 두 종류로 나누는 것이 가장 좋다. 정독할 책과 훑어볼 책이 그것이다. 우리는 책을 읽을 때 꼼꼼히 읽는 정독의 습관과 대충 훑어서 넘기는 속독의 습관을 모두 가져야 한다. 정독하지 않으면 기억에 남는 것이 없어 허투루 읽은 것과 같고, 속독하지 않으면 널리 자료를 수집할 시간이 부족해진다. 경서經書, 제자백가諸子百家, 사사四史(『사기』史記, 『한서』漢書, 『후한서』後漢書, 『삼국지』三國志), 『자치통감』 등은 정독해야 할 책이다. 매일 시간을 정해서 규칙적으로 정독해야 한다. 읽을 때는 단 한 자도 빠짐없이 꼼꼼히 읽어야 한다. 처음부터 끝까지 한 권을 다 읽은 다음에 다른 책에 손댄다. 메모나 필기 혹은 요약할 내용이 있으면 그때마다 한다. 다른 한편으로는 하루에 시간을 정해서 내키는 대로 이런저런 책을 훑어본다. 훑어보다가 흥미로운 내용을 만나면 주목한다. 별것이 아니다 싶으면 후딱후딱 그다음 쪽으로 넘어간다. 간혹 메모하거나 요약해야 할 내용을 보게 되면 간단히 표시만 해 놓고 넘어간다. 그 책을 다 훑어본 후에 해도 늦지 않다.

중간에 멈춰서 필기를 한다거나 요약을 하게 되면 흐름이 끊겨서 빨리 훑어볼 수 없기 때문이다.

시절에 어울리는 독서

소옹邵雍 선생이 배움을 권하면서 한 말씀이다.

"스무 살부터 서른 살까지, 아침에는 경서를 읽고
황혼녘에는 역사를 읽고, 낮에는 제자백가를 읽고,
밤에는 문집을 읽었다."

『곤학기문』困學紀聞

남송 시대의 유학자 왕응린王應麟은 북송 시대의 철학가 소옹의 말을 빌려, 하루에도 때가 있으니 그 때에 맞추어 책을 읽는 것이 좋다는 뜻을 전한 것이다. 짐작건대 아침은 정신이 맑을 때이니 근엄한 경서의 가르침이 어울릴 것 같다. 황혼녘은 하루를 마감하며 그날을 되돌아볼 때이니 역사책이 어울릴 것이다. 낮은 온갖 일에 복잡할 때이니 다양한 학설의 제자백가가 어울릴 것이다. 밤은 잠자리에 들 때이니 부드러운 문학이 어울릴 것이다. 하루의 분위기나 기운에 따라 적절하게 독서를 하는 것이다.

하루에도 때에 따라 기운이 다르다는 것을 명나라 문학가 설선薛宣은 자신의 경험담으로 입증하기도 했다.

어릴 적에 밤에 책을 읽는데 규정된 횟수를 채우고 넘겼음에도 암송이 안 되었다. 그런데 이튿날 아침이 되자 막힌 게 확 뚫리면서 어젯밤 읽었던 내용이 모두 암송되는 것이 아닌가. 지금 돌이켜 생각해 보니 저녁에 여러 번 읽었지만 기억하지 못한 이유는 기운이 흐려졌기 때문이고, 아침에 암송할 수 있었던 것은 기운이 맑아졌기 때문이다. 이런 것 역시 밤기운이 어떤지 증명한다.

소옹의 독서법이 마음에 들었는지 청나라 때 장서가 주창연朱昌燕은 자신의 서재를 거창하게 '조경모사주자야집루'朝經暮史晝子夜集樓라 명명하기도 했다. 우리말로 풀면 '아침엔 경서, 황혼녘엔 역사, 낮에는 제자백가, 밤에는 문집의 누각'이 되겠다.

하루에 때가 있듯, 해에는 계절이 있다. 옛사람은 계절마다 그에 맞는 책이 있다고 여겼다. 명나라 문학가 진계유는 이렇게 말했다.

봄날 저녁은 문학에 심취하기 좋은 때, 향을 피우고 책을 읽기 좋은 때, 노승의 설법을 듣기 좋은 때이니 바람기를 잠재우기에 좋다. 여름밤은 한담을 나누기 좋은 때, 물가에 멍하니 앉아 있기 좋은 때, 솔바람 소리를 들으면 서늘한 기운이 엄습하는 때이니 답답한 심사를 털기에 좋다. 가을밤은 호탕하게 놀기 좋은 때, 화끈한 선비를 찾아가기 좋은 때, 함께 검劍을 논하고 병법을 이야기하기 좋은 때이니 쓸쓸한 기운을 떨치기 좋다. 겨울밤은 따끈한 차를 마시기 좋은 때, 혹은『삼국연의』三國演義,『수호전』水滸傳,『금병매』金甁梅 등 소설을 읽기 좋은 때, 죽순을 안주로 술잔을 기울이기 좋은 때이니 고독감을 달랠 수 있다.

청나라 때 정치가 장조張潮는 계절에 알맞은 책을 소개했다.

경서는 겨울이 좋다. 정신이 집중되기 때문이다. 역사책은 여름이 좋다. 해가 길기 때문이다. 제자백가는 가을이 좋다. 별

미이기 때문이다. 문집은 봄이 좋다. 만물이 생기를 띠기 때
문이다.

대만대학교 철학과 교수 부패영(푸페이룽)도 계절에 적
합한 동서양의 책을 각각 한 권씩 거론하며 그 이유를 설명
했다.

봄은 생명의 계절이라 희망이 열린다. 그러니 봄철이 되면
『논어』와 타고르의 시집을 읽는다. 인간은 선을 지향한다는
공자의 이야기를 읽으면 당장 힘들어도 낙관적인 마음으로
분발할 수 있기 때문이다. 타고르의 시는 우주, 어린이 천사,
사랑 등에 대해 썼는데 친근감이 있고 따뜻하여 근심 걱정이
사라진다.
여름은 날씨가 더우니 『장자』와 소로의 『월든』을 읽는다.
『장자』의 우화는 읽을 때마다 깨달음을 주는데 어찌나 날카
로운지 한기를 느낄 때가 많으므로 피서용으로 제격이다. 소
로는 월든 호숫가에서 2년 2개월을 보냈다. 그의 글에 등장
하는 수탉 한 마리도 황제의 존엄과 영광이 있으니 대자연의
오묘함이 족히 드러난다.
가을은 으스스하여 우수에 젖는 계절이다. 『노자』는 이렇

게 말했다. "하늘과 땅은 특별히 누구를 편애하지 않고 똑같이 대한다. 허수아비 대하듯 그렇게 세상의 만사만물을 대한다." 이런 글을 읽으면 가뜩이나 으스스한 우수의 계절에 자아중심의 허망한 생각에 내가 얼마나 빠져 있었는지 놀라게 된다. 헨드릭 빌렘 반 룬이 쓴 『똘레랑스』는 서양 역사를 자세히 서술하면서 '나태, 무지, 사리사욕'이 관용을 베풀지 못하는 삼대 요소라고 지적했는데 가을철에 숙고해 볼 만한 주제이다.

겨울은 너무 추우니 『맹자』를 읽는다. "나는 호연지기를 잘 키운다." 이런 대목을 읽으면 내심 기운이 나면서 도덕적인 용기가 용솟음친다. 그런 후에 니체의 『차라투스트라는 이렇게 말했다』를 읽으며 초인을 목표로 삼아 미혹에서 벗어나고자 한다. 그 웅장한 기백을 대하면 자신을 초월하고 싶어진다.

독서에 시와 때가 있을까마는 자연의 변화에 따라 그에 맞추어 자연스럽게 책을 읽는 것이 무척 좋아 보인다. 일 년 사계절 내내 책을 읽으니 말이다. 게다가 나름대로 운치도 있지 않은가. 책을 읽어도 멋있게 읽는다.

시간이 없다는 핑계

배우고 싶으나 시간이 없다는 사람은 막상 시간이
있어도 역시 배우지 못한다.

『회남자』淮南子 「설산훈」說山訓

　　공부할 시간이 없다고 하소연하는 사람에게 정작 시간이
생기면 열심히 할까? 글쎄, 모를 일이다. 중국 전국 시대 말
기의 대학자 순자荀子는 이렇게 말했다.

　　길이 비록 가까워도 가지 않으면 도달할 수 없다. 일이 비록
수월해도 하지 않으면 이룰 수 없다. 시간이 남아돌아 한가한

사람치고 남보다 크게 성공하는 경우를 본 적이 없다.

유심히 관찰하지 않아서 그렇지 우리 주변의 성공한 사람은 무척 바쁘다. 그들은 부족한 시간을 쪼개고 쪼개서 알뜰하게 사용하는 것이지 남보다 시간이 남아돌아 그렇게 많은 일을 하는 것이 아니다.

누군가 책을 읽을 시간이 없다고 하자 한나라 말의 학자 동우는 세 가지 남는 시간을 활용하라고 권했다. 무슨 세 가지냐 다시 물으니 이렇게 답했다.

겨울은 한 해의 남는 시간, 밤은 하루의 남는 시간, 비 오는 날은 맑은 날의 남는 시간.

옛날 사회는 농업 위주였으니 저렇게 말하는 것도 당연하다. 농사를 지으면 가을에 수확을 마치니 겨울은 이른바 농한기가 아니겠는가. 그러니 한 해의 남는 계절을 겨울이라 한 것이다. 또 낮에는 논밭으로 나가 일하고 밤에는 집에 돌아와 쉴 테니 짬을 내서 책을 좀 읽으란 것이다. 비 오는 날은 밖에 나가 농사일을 하기 어려우니 그런 때에 독서하면 되지 않겠냐는 것이다. 지금의 대학생이나 직장인으로 말하자면, 지하철로 등하교 혹은 출퇴근할 때 스마트폰으로 오디오북을 듣는다거나 전자책 등을 볼 수 있지 않겠는가. 여하튼 자투리 시간을 얼마든지 활용할 수 있으니 시간 없다는 핑계는 대지 말라는 말이다.

삼국 시대 오吳나라의 왕 손권孫權은 휘하 장군인 여몽呂蒙과 장흠蔣欽에게 독서를 권했다. 이때 여몽은 뭐라고 대답했을까? "군대가 참 잡무가 많아서 괴롭습니다. 책을 읽을 시간이 도무지 나지 않습니다." 손권의 대꾸가 재미있다. "내가 장군더러 학문을 연구하여 박사가 되라는 것이오? 책을 읽어서 옛날이야기라도 좀 알라는 것이라오. 장군이 바쁘기로서니 설마 나보다 바쁠까. 나는 어릴 적에 『주역』만 빼고 중요한 고전은 대충 읽었다오. 중책을 맡은 이후로도 『사기』, 『한서』, 『동관한기』東觀漢記와 이런저런 병법을 읽었더니 크게 도움이 되더이다. 두 장군은 총명하고 영리하니 책을 읽으면 수확이 있을 게 틀림없을 텐데 어찌 시도조차 않으시오?" 그러면서 『손자병법』을 비롯하여 중요한 역사책을 읽도록 서목까지 제시해 주었다. 손권은 여기서 그치지 않고 후한 광무제 유수劉秀와 조조曹操까지 거론했다. "광무제는 전쟁 통에도 손에서 책을 놓지 않았고, 조조는 나이가 들어서도 배움을 좋아했다오. 그러니 장군들도 분발할 만하지 않겠소?" 주군이 이렇게까지 격려와 지도를 아끼지 않으니 가만있을 수 있겠는가. 여몽이 분발하여 공부가 일취월장했다. 괄목상대刮目相對의 고사도 이로부터 나온 것이다.

글 한 편이면 충분하다

최표崔儦는 항상 책을 읽었다. 자부심이 강하여 대문에
글씨를 크게 써서 붙였다. "책 오천 권을 읽지 않은 자는
이 집에 들어오지 마시오."

『북사』北史「최표전」崔儦傳

옛날 책은 지금의 종이책과 사뭇 달랐다. 책冊이란 글꼴
에서도 뚜렷이 보이듯, 나뭇조각이나 대나무 조각에 글씨
를 써서 끈으로 엮어 놓은 것이었다. 읽을 때는 펼치고 거
둘 때는 둘둘 말아 보관했다. 둘둘 말아 놓은 한 묶음이 '권'
卷이고 이렇게 말아 놓은 '권'을 여럿 합치면 현재 우리가 보
는 책이 된다. 옛날 책이 권1, 권2, 권3 같은 식으로 구성되

는 것도 이 때문이다. 따라서 옛날 책 한 부는 적으면 대여 섯 권, 많으면 몇십, 몇백 권으로 이루어진다. 『논어』는 20권이고 『사기』는 130권이다. 그러니 수隋나라 정치가 최표가 오천 권을 읽지 않은 자는 내 집에 얼씬도 말라고 했다 하여 그리 겁먹을 필요는 없다. 지금의 기준으로 환산하면 적게 잡아 10권, 많이 잡아 30권이니 현대의 교양인이라면 그 정도는 읽지 않았겠는가. 다만 최표가 살았을 때는 수나라 초기인 6세기라 지금처럼 책이 흔하지 않았고, 조판 인쇄술이 발명되어 서적이 널리 보급되기 시작한 때가 10세기 이후인 송나라 때인 점을 감안하면 실은 상당히 많은 책을 읽은 셈이다. 자부심을 가질 만도 하다.

그런데 최표와는 정반대로 책은 단지 한 권이면 족하다는 사람도 있었다.

납언納言(지금의 청와대 비서실장이나 대변인 정도) 소위蘇威가 임금에게 아뢴 적이 있다. "선친이 늘 저에게 이렇게 훈계했습니다. '『효경』 한 권만 잘 읽어도 개인적으로 충분히 성공하고 국가에 이바지할 수 있다. 책 많이 읽을 필요 없다.'"

살아가는 데 실천이 중요하지 머릿속의 독서량은 중요하

지 않다는 말씀이다. 그래서 그런지 책 한 부도 아니고 겨우 반 부로 천하를 다스렸다는 이야기가 전설처럼 내려온다.

조보趙普가 다시 재상이 되었다. 누군가 조보는 산동山東 출신으로 읽은 책이라고는 그저 『논어』 한 부일 따름이라고 험담을 했다. (……) 송나라 태종이 이 문제로 물어본 적이 있다. 조보가 숨기지 않고 실토했다. "제 평생에 아는 것이라고는 사실상 『논어』밖에 없습니다. 『논어』 절반으로 태조를 보좌하여 천하를 얻었으니, 이제 나머지 절반으로 폐하를 보좌하여 천하에 태평성대를 열고자 합니다."

사실 여부가 무척 의심스러운 내용이지만 『논어』를 좋아하는 독자라면 믿고 싶은 이야기다. 책을 읽는 행위는 장시간 정신을 집중해야 하고 또한 읽는 책의 분량이 많으면 오랫동안 끈기로 붙잡아야만 효과를 볼 수 있는 작업이다. 독서를 진정으로 좋아한다면 그런 낙이 없겠으나 억지로 한다면 그보다 더 큰 고역이 어디 있겠는가. 그린 탓인지 송나라 때 문학가 호자胡仔는 책 반 부는커녕 글 한 편만 보면 충분하다고 익살을 떨었다.

학자들은 기이한 책을 널리 찾아 읽으려고 한다. 그러나 당나라 때 문학가 한유의 「진학해」進學解만 읽으면 족하다. 「진학해」에 이런 구절이 있다. "위로는 순임금, 우임금 시대를 살핀즉 그 경지가 깊고도 넓었다. 은나라 때의 「반경」盤庚과 주나라 때의 「고서」誥書를 읽어 보니 어찌나 난해한지 발음하기도 힘들었다. 『춘추』의 언어는 정련되고 정확했다. 『춘추좌씨전』의 문장은 화려하고 과장되었다. 『역경』은 변화무쌍했으나 법칙이 있었다. 『시경』은 생각이 단정하고 아름다웠다. 그 후로 『장자』, 「이소」離騷, 『사기』가 나왔으며 양웅과 사마상여司馬相如가 부賦를 지었는데 모두 다른 형식의 글이었으나 모두 하나같이 멋졌다." 이 글만 읽어도 족한데 굳이 책을 많이 읽을 필요가 있겠는가.

한유의 글 「진학해」에는 한나라 이전 중요한 문헌의 특징과 내용을 일목요연하게 정리한 부분이 있다. 그것만 보면 충분하다는 뜻이다.

독서와 실용

이삼십 년 성현의 책을 읽고도 일단 일이 생기면
처리하는 것이 보통 사람과 다를 바 없다. 혹은 세상
경험이 많은 노숙한 자의 한마디를 듣고 평생 가슴에
새기며 따른다. 어찌 노숙한 자의 한마디가 육경六經의
말씀보다 뛰어나겠는가? 독서할 때 책의 내용이
현실에서 어떻게 유용할까 생각하지 않고 읽었기
때문이다.

『송원학안』宋元學案

남송의 철학가 여조겸의 일갈이다. 비슷하게, 책을 읽을
때 출입出入을 잘해야 한다고 주장한 이가 있었다. 송나라
때 문인 진선陳善은 책의 내용을 확실히 이해하고, 그 지식
을 활용하여 현실의 문제를 융통성 있게 해결하는 사람이
책을 제대로 읽은 자라 했다.

책을 읽을 때는 들락거리는 법을 알아야 한다. 책을 읽을 때는 책에 푹 빠져 들어가야 한다. 책을 다 읽었으면 이제 책에서 쑥 빠져나와야 한다. 관심과 열정이 책으로 들어가는 방법이다. 실용과 응용이 책에서 빠져나오는 방법이다. 책으로 들어가지 못하면 저자의 뜻을 파악하지 못한다. 책에서 나오지 못하면 평생 저자의 노예가 된다. 그러므로 들락거리는 법을 알면 독서법을 깨우친 것이다.

관심과 열정으로 책의 지식을 확실히 이해한다. 책으로 들어가는 방법이다. 제대로 이해하지 못하면 저자의 뜻을 파악하지 못하기 때문이다. 배운 지식을 활용하여 현실의 문제를 융통성 있게 해결한다. 책에서 나오는 방법이다. 써먹지 못하는 지식은 실용적이지 못하며, 융통성이 없으면 저자에게 매이는 꼴이기 때문이다.

이제 송나라 때 학자 조효손趙孝係이 이언평李彦平에게 했던 말을 음미해 보자.

이언평이 말했다. 선화宣化 경자년(1120), 내가 벽옹辟雍(국립대학)에 들어갔는데, 그곳에서 중수仲修 조효손과 한 방을 쓰게 되었다. 조효손은 정이程頤 선생의 수제자 조안자趙顔子의 아들이다. 나보다는 열 살 위였다. 이듬해 봄에 함께 남궁南宮에서 과거시험을 보았는데 중수는 붙었고 나는 떨어졌다. 중수가 내게 위로하는 말을 했다. "아우는 아직 나이도 젊고 한 번 넘어졌다고 큰일 나는 것도 아니니 일단 귀가하여 공부를 더 하는 것도 나쁘지 않을 것이네." 나는 기분이 언짢았다. 중수가 말했다. "아우도 『논어』는 많이 읽어 봤겠지?" 내가 즉시 대답했다. "삼척동자도 다 읽는 『논어』를 왜 저한테 물어보십니까?" 중수가 웃으며 말했다. "아우가 『논어』를 잘 안다고 하니 묻겠네. 『논어』의 첫 구절 '학이시습지'學而時習之에서 '학'學, 즉 '배운다'는 것은 무엇을 배운다는 것인가?" 내가 말문이 막혀서 멍하니 있자, 중수가 천천히 말했다. "이른바 배운다는 것은 책을 읽고 암송하는 것이 아니라네. 글을 아름답게 꾸미는 것도 아니지. 성현을 배우라는 것이라네. 성현을 배우라는 것이면 계속 열심히 배워야지 시험에 실패했다고 좌절하고 배움을 중단해야 되겠는가? 생활의 일거수일투족에서도 성현을 배우고, 식사를 할 때도 놀러 가서도 성현을 배우고, 병이 났을 때도 생사의 문턱에서도 성현을 배워야 하지 않겠나. 아무리 힘들어도 성현의 말씀에 따라 배우고 아무리 어려워도 성현의 말씀에 따라 배우니, 일어서면 그 말씀이 앞에 있는 듯, 수레에 올라가면 그 말씀이 고삐에 있는 듯, 이

= =

렇게 되어야 비로소 성현을 제대로 배우는 것이라 할 수 있다
네." 내가 그 말을 듣자 즉시 깨달음이 있었다. 이에 가르침
을 청했다. "배움의 도리를 잘 들었습니다. 그렇다면 앞으로
어떻게 세상을 살아갈까요?" 중수가 말해 주었다. "세상살
이는 배움으로부터 나온다네. 가령 어느 고을의 책임자가 되
었다면『논어』의 세 구절만 실천하면 충분하고도 남는다네."
내가 다시 물었다. "어떤 구절인지 알려 주십시오." 중수가
답했다. "경사이신敬事而信(업무에 최선을 다하여 믿음을 얻는
다), 절용이애인節用而愛人(물자를 아껴 쓰며 사람을 사랑한다),
사민이시使民以時(백성을 부려도 한가할 때를 가린다). 이상 세
구절이라네." 나는 그 말에 탄복했다. 그 후 나는 항상 이렇
게 말하곤 한다. "내가 평생 마음을 가다듬고, 행동할 때나 조
정에서 군왕을 모실 때마다 성현의 말씀을 상기하는데, 그 모
든 것은 조효손 형이 깨우쳐 주신 덕분이다."

조효손은 책에 들어갔다가 나온 사람이라고 하겠다.

책을 좋아한 사람들

내 비록 미천했으나 어릴 적부터 책을 좋아하여
희귀한 책을 상당히 소장했다. 자제들에게 항상
즐겁게 하는 말이 있다. "처음 보는 책을 대하면 마치
좋은 친구를 얻은 듯, 이미 읽었던 책을 대하면 마치
옛 친구를 만난 듯."

『독서십륙관』讀書十六觀

책이 친구 같다는 명나라 문학가 진계유의 이 말은 참으
로 적절한 비유라 생각된다. 친구는 소중한데, 소중하다면
아껴야 한다. 주자는 남북조 시대의 문인 강록江祿을 예로
들어 책을 소중히 대하라고 당부했다.

강록은 책을 읽다가 아무리 급한 일이 있어도 책을 단정히 정

리하고 자리에 일어섰기에 책이 손상되는 일이 없었다. 책을 소중히 여기니 사람들이 책을 잘 빌려주었다.

강록의 생졸년은 불확실하지만 남북조 시대 남조南朝 사람이니 당시만 해도 책이 흔하던 시절은 아니었다. 책을 읽고 싶으면 소장한 자에게 사정해야 했으니 저런 이야기가 나오는 것도 당연하다. 책을 좋아하면 소중히 다루게 된다. 『안씨가훈』으로 유명한 남북조 시대 안지추는 심지어 이렇게 말했다.

내가 성현의 책을 읽을 때마다 옷깃을 여미고 대하지 않은 적이 없다. 오래된 종이에 오경五經의 문구가 있거나 현인의 성함이 있으면 감히 더러운 곳에 사용하지 않았다.

책을 오래 간수하고자 온갖 정성을 기울이는 사람도 있다. 송나라 때 문학가 사마광의 책 사랑은 남달랐다.

사마광은 독락원獨樂園에 문학과 사학 서적이 1만여 권 있었다. 아침저녁으로 수십 년간 열람했지만 모두 손대지 않은 새 책 같았다. 매년 복날부터 중양절重陽節 사이에 날씨가 쾌청하면 햇볕이 잘 드는 곳에 책상을 놓고 그 위에 책의 등을 일광욕시켰다. 그러므로 세월이 많이 흘러도 책이 망가지지 않았다. 책을 볼 때는 먼저 책상을 깨끗하게 하고 책상보를 깐 다음에 비로소 조심스럽게 책을 펼쳤다. 외출할 때는 책을 사각형의 나무상자 안에 넣어 손때나 먼지를 막고 아울러 책의 등이 헐거워지지 않도록 보호했다. 한 쪽을 다 읽으면 오른손 엄지를 세워 종이 끝에 대고, 이어서 식지로 살짝 눌러서 조심히 넘겼다.

송나라 말기부터 원나라 초기까지 살았던 조맹부趙孟頫는 화가 및 서예가로 이름이 높았지만 책 사랑도 대단했다. 그가 남긴 말은 이렇다.

책을 모으고 보관하는 것은 여간한 일이 아니다. 책을 읽을 때는 마음을 맑게 하고 생각을 단정히 하며 책상을 청결히 하고 향을 피운다. 책을 꺾지 말고, 모서리를 접지 말며, 손톱으로 지면을 누르지 말고, 침으로 책갈피를 넘기시 말라. 또한 졸리다고 베개로 삼지 말고, 메모지를 끼워 넣지 말며, 파손된 것이 있으면 즉시 수선하고, 책을 읽지 않을 때는 즉시 닫는다. 훗날 내가 소장했던 책을 구한 사람은 이 규칙을 지켜 주길 부탁한다.

책이 밥도 되고 옷도 된다는 사람도 있었다. 송나라 때 장서가 우모尤袤는 이렇게 고백했다.

배고플 때 책을 읽으면 고기가 되고, 추울 때 책을 읽으면 갖옷이 된다. 외로울 때 책을 읽으면 친구가 되고, 우울할 때 책을 읽으면 악기가 된다.

책에 심취하면 배고픔도 추위도 잊는다는 뜻일까? 외롭거나 우울할 때 책이 친구가 되어 주고 음악이 되어 준다는 말은 맞는 것 같다. 그러므로 청나라 때 문학가 장조張潮는 책 욕심만은 억제하지 말라고 당부했다.

매사에 각박하지 마라. 다만 독서는 각박하게 하라. 매사에 욕심을 부리지 마라. 다만 책을 살 때는 욕심을 부려라.

병을 낮게 해 주는 독서

구양수가 말한 적이 있다. "평소에 한가하게 있으면서 생각을 가다듬는다고 하여 '재'齋라 부른다. 몸이 안 좋을 때마다 육경六經, 제자백가, 옛사람의 문장을 낭송한다. 깊고 넓으며, 한적하고 우아하며, 웅장하고 아름다운 글에 매료되면 생각이 넓어지면서 마음마저 편안하여 몸에 병이 난 것도 전혀 모르게 된다."

『독서지관록』讀書止觀錄

'목욕재계'沐浴齋戒라는 말이 있다. 제사나 중요한 일 따위를 앞두고 목욕을 하여 몸을 깨끗이 하고 부정을 피하며 마음을 가다듬는 일을 가리킨다. 독서를 할 때도 마음을 가다듬어야 하므로 옛 문인은 자신의 공부방 이름 뒤에 흔히 재齋를 붙였다. 그 안에는 물론 서가가 있고 서가에는 책이 있으므로 서재書齋이다. 송나라 때 문인 구양수는 건강이 안 좋을 때마다 서재에서 책을 읽었더니 병이 난 것도 잊었다고 한다. 질병의 고통을 잠시 잊었다는 것인지 병이 쾌유된 것인지는 모르겠으나 독서로 질병을 치료했다는 기록은 종종 있다.

삼국 시대 정치가 조조曹操는 평소에 두통을 앓았다. 그날도 두통이 발작했는데 누워서 건안칠자建安七子의 한 사람인 진림陳琳의 작품을 읽었더니 두통이 멈췄다는 기록이 정사正史에 보인다. 또한 명나라 때 문인 원굉도는『금병매』가 우울증을 해소하는 좋은 약이라고 주장했다. 청나라 학자 초순焦循은 1790년 겨울, 각혈에 시달리다가 낫기는 했으나 허약해져서 힘들었다. 의원이 보약을 권했지만 본인은 약보다 책이 낫다고 여겨서 매일『노자』,『장자』,『열자』列子와『소문』素問 등을 2년 동안 꾸준히 낭송했더니 병이 말끔히 나았다고 한다.

중국 현대 작가 진수구秦瘦歐도 고백한 바 있다. "나는 어려서부터 병이 많았는데 약을 먹는다거나 주사를 맞는 것을 너무 싫어했다. 그럴 때마다『서유기』西遊記,『봉신연의』封神演義,『강호기협전』江湖奇俠傳,『셜록 홈스』등을 읽으면서 충분히 휴식을 취했더니 건강이 회복되었다. 최근에는 김용金庸, 양우생梁羽生, 경요瓊瑤의 작품을 약 삼아 감기 내지는 심실조기박동 등에 대항했는데 효과는 거의 백발백중이었다."

발병의 원인은 다양하겠지만 정신적 심리적 스트레스가 상당 부분을 차지한다. 그렇다면 병이 났을 때 만사 제끼고 조용한 곳으로 피신하여 편안하게 자기가 좋아하는 책을 읽는다면 호전되지 않을 리 있겠는가. 책이 꼭 병을 낫게 해준 것은 아닐지라도 편안하게 책을 읽을 수 있는 환경 자체가 쾌유의 바탕이 되었을 것이다.

우리는 일반적으로 독서를 권력, 명예, 재물을 얻기 위한 수단으로 여기는 탓에 일단 그런 것을 얻으면 더 이상 책을 쳐다보지 않는다. 물고기를 잡았으니 이제 그물이나 통발은 필요가 없는 것이다. 그러나 책을 진정으로 읽을 줄 아는 사람은 책을 평생의 스승으로 삼는다.

중국 근현대 최고 학자의 한 명인 전목錢穆을 예로 들어 보자. 한번은 전목이 친구에게 하소연했다. "몸이 좀 이상한 것이 아무래도 병이 날 것 같네." 이에 친구가 말했다. "자네는 늘 『논어』를 낭송하지 않았나? 『논어』가 자네 병을 예방해 줄 걸세." 전목은 말문이 막혔다. 친구가 다시 말했다. "『논어』에 이런 말이 있잖은가. '공자가 조심했던 것은 제사, 전쟁, 질병이었다.' 자네가 곧 병이 날 것 같다면, 공자

==

의 그 '조심'을 상기하면 되지 않겠는가? 건강 문제를 소홀히 대해서도 너무 겁먹지도 말고, 항상 조심하라는 말씀이 아니겠는가." 친구의 한마디에 전목은 크게 깨달았다. 평소에 『논어』를 그리 많이 읽었건만 실은 허투루 읽었던 것이다. 진정한 독서란 책 내용을 자기 일로 생각하고 절감하는 데 있다.

오탈자 즐기기

형소邢邵는 집에 책이 많았지만 교감校勘에는 그다지 신경을 쓰지 않아 교감에 매달리는 사람을 볼 때마다 웃으며 말했다. "정말 어리석군. 세상에는 죽을 때까지 읽어도 다 보지 못할 정도로 책이 많은데 어느 세월에 교감하고 읽겠다는 겐가? 게다가 책을 읽을 때 오탈자를 발견하는 재미도 있고 그로 인해 생각에 잠기는 것도 즐거운 일인데 말이지."

『북제서』北齊書 「형소전」邢邵傳

출판사마다 규모의 차이야 있겠지만 원고를 교열하고 편집하는 사람이 있다. 일인 출판사의 경우 물론 그런 작업을 외주로 처리하기도 하지만 여하튼 책을 낼 때 필요불가결한 과정이 곧 교열이다. 교열을 소홀히 하면 오탈자가 많이 나와서 책의 가치가 떨어진다. 옛날에도 다를 바가 없었다. 특히 한자는 비슷한 글꼴도 많고 획수도 복잡하기에 인쇄술이 발명되기 전에는 모두 붓으로 베껴 썼다. 글을 좀 아는 자가 베껴 써도 오탈자가 종종 나오는 마당인데 그저 글씨만 잘 쓰는 자가 베껴 쓰는 경우는 말할 필요가 없다.

세월이 흐르며 그런 오탈자를 바로잡는 일도 하나의 학문이 되었다. 이를 교감학校勘學 혹은 교수학校讎學이라 한다. 오랜 세월 여러 사람의 손을 거쳐 필사되는 과정에서 발생한 오류를 원본에 최대한 가깝게 복원하는 작업이니 박학다식한 학자가 오랫동안 꼼꼼하게 매달려야 하는 학문이다. 우리가 현재 중국의 중요한 고전을 그나마 읽을 수 있는 것은 역대 중국학자가 교감해 준 덕분이며, 이 작업은 특히 청나라 때 대대적으로 이루어졌다. 그렇게 작업하여 나온 책을 일러 '선본'善本이라 한다. 청나라 때 정치가 장지동張之洞은 선본을 이렇게 간명히 설명한다.

선본이란 종이가 좋은 새 책이 아니다. 대학자가 오래된 판본으로 정교하게 교감하고 섬세하게 교열하여 출판한 책을 말한다. 그런 책은 오탈자가 없다. 그런 책을 구별하는 간편한 방법이 있는데 초학자가 책을 구입할 때는 일단 서문을 보면 된다. 청나라 때 재차 교감하고 교열한 책이라든가 잔글씨도 선명하게 판각된 책이면 좋은 책이다. 선본이란 세 가지 조건을 갖추었다. 첫째 족본足本. 빠진 게 없고, 뺀 게 없는 책. 둘째 정본定本. 정교하게 교감하고 정밀하게 주석을 단 책. 셋째 구본舊本. 옛날에 나왔던 판각본이거나 필사본.

그런데 남북조 시대 문학가 형소는 좀 특이했다. 고서를 교감하려면 시간이 많이 걸리는데 죽을 때까지 읽어도 시간이 부족해 다 읽지 못할 책을 어느 세월에 하나씩 오탈자를 잡아내고 수정하며 읽느냐는 것이다. 게다가 책을 읽을 때 오탈자를 발견하는 재미도 있고 또한 왜 그런 오탈자가 생겼을까 생각하면 그로부터 많은 것을 얻을 수 있으니 즐겁다는 이야기다.

형소에게 처남이 있었는데 이 처남도 나름대로 학문이 높았던 사람으로 형소의 이런 점을 힐난했다.

보통 사람은 책을 읽어도 그게 오탈자인 줄 모르는 경우가 태반이지요. 그런데 사람들에게 오탈자를 찾는 즐거움도 누리고 그로부터 생각하는 습관도 키우라는 것은 무리 아닙니까?

형소는 뭐라고 대꾸했을까?

그런 사람은 책을 읽어도 얻는 것이 없을 테니 차라리 책을 읽지 말라고 하게.

청나라 때 고광은顧廣圻이란 학자가 있었는데 교감으로 유명했다. 그는 스스로 호를 '사적거사'思適居士라 했으며, 자신의 서재를 '사적재'思適齋라 했고, 심지어 자신의 문집 이름도 '사적재문집'思適齋文集으로 정했다. 왜 그랬을까? 형소가 오탈자를 발견할 때마다 사고思考에 잠기고 그로 인해 쾌적快適함을 느낀다고 했으니, 본인도 그렇게 하고 싶다는 뜻이었다.

하지만 고광은은 가난하여 따로 서재를 짓지는 못했다. 사는 집의 이름만 그냥 '사적'으로 지었을 따름이다. 그래도 계속 열심히 책을 읽고 즐겁게 교감했다.

독서와 별명 1

두위寶威 집안은 명문가로 그의 형제들은 무예를
숭상했지만 두위만은 홀로 문학과 역사서에 심취하여
요지부동이었다. 형들이 '책바보'라 그를 비웃었다.

『구당서』舊唐書 「두위전」寶威傳

 '딸바보'란 말이 한때 유행했다. 딸만 보면 정신을 못 차
리는 아빠처럼 문학책, 역사책만 보면 푹 빠졌던 사람이 있
었다. 그는 당나라 때 재상까지 지냈던 두위다. 그의 형제
들이 어릴 적에 놀렸던 별명이 서치書癡, 즉 '책바보'다.
 옛날 사람은 책에 빠진 이에게 어떤 별명을 붙였을까?

서록書簏: 책상자

'녹'簏은 본디 등나무나 버드나무 가지로 엮어 만든 원통형의 보관함이다. 요즘의 상자 정도가 아닐까 싶다. 『진서』晉書 「유류전」劉柳傳에 따르면, 부적傅迪은 책을 많이 읽었지만 뜻을 깊게 이해하지는 못했다. 그런데 유류劉柳는 오로지 『노자』 한 권만 읽을 따름이었다. 부적이 매번 비웃자 유류가 대꾸했다. "경께서는 책을 많이 읽지만 이해하지 못하시니 '서록'입니다." 당시 사람들은 유류의 말이 옳다고 여겼다.

서고書庫: 서고

서고는 책을 보관하는 창고이니 지금의 도서관이다. 지금도 '걸어 다니는 도서관' 하면 박학다식한 자를 일컫지 않는가. 『수서』隋書 「공손경무전」公孫景茂傳에 따르면, 수나라 학자 공손경무公孫景茂는 어릴 때부터 배움을 좋아하여 경서와 사서를 폭넓게 섭렵했다. 당시 사람들은 그를 '서고'라 불렀다.

서주書櫥: 책꽂이

'주'櫥는 서랍장 같은 것이다. 그러니 '서주'는 요즘으로 말하자면 서가書架, 곧 책꽂이다. 서가에는 책이 가득할 테니 박학다식한 자를 칭찬하는 말이다. 『송사』宋史 「오시전」吳時傳에 따르면, 송나라 정치가 오시吳時는 미리 원고를 쓰지 않아도 일단 붓을 들기만 하면 글을 척척 써냈기에 '서주'라는 별명이 붙었다. 또한 송나라 때 정치가 이강李綱도 박식했기에 별명이 '서주'였다. 한편 이 별명은 그저 책만 많았지 응용할 줄 모르는 자를 풍자하는 말로도 쓰였다. 이럴 때는 앞서 나온 '서록'과 비슷한 뜻이 된다. 『남제서』南齊書 「육징전」陸澄傳에 따르면, 남북조 시대의 제나라 학자 육징陸澄은 석학으로 통했는데, 정작 『역경』을 삼 년이나 읽었지만 이해하지 못했고, 『송서』宋書를 쓰려 했으나 끝내 완성하지 못했다. 이에 문학가 왕검王儉이 "육 선생은 '서주'입니다" 했으니 놀리는 말이었다.

서생書生: 서생

옛날에는 주로 유생儒生을 가리켰다. '일개 서생'이라 하면 그저 집에 앉아 책이나 읽어서 세상 물정을 모르는 변변찮은 자를 뜻하므로 자신을 가리키면 겸손한 말이 된다. 그러나 대개는 글이나 농하는 하찮은 지식인을 가리켜 그다지 좋은 뜻이 아니었다. 특히 그 앞에 '백면'白面이란 말이 붙으면, 경박스러운 젊은 문인을 뜻했으니 더욱 나쁜 말이었다.

학구學究: 유생

지금은 엄청 열심히 공부하는 자를 일러서 '학구파'라 하는데 옛날에는 일반적으로 유생을 가리켜 그리 불렀다. 그러나 시간이 흐르면서 '고루한 지식인' 혹은 '견문이 넓지 못한 어설픈 지식인'을 지칭하여 폄하하는 뜻이 되었다.

두서충蠹書蟲: 책벌레

책을 갉아 먹는 좀이라는 뜻이니 책 속에 파묻혀 헤어 나오지 못하는 사람을 가리킨다. 책으로 들어가기는 하되 책에서 나오지 못하는 자이니 그저 책만 읽었지 현실의 문제에는 속수무책인 자를 비유한다. 당나라 때 문인 한유는 「잡시」雜詩의 첫 네 구절에서 이렇게 읊었다. "고사古史는 좌우에 흩어져 있고, 시서詩書는 전후에 놓여 있지만 어찌 책벌레처럼 글자 사이에서 죽고 살겠는가." 말하자면 옛사람의 단 한 마디도 답습하지 않겠다는 뜻이다.

도서대掉書袋: 책가방을 흔들다

'서대'書袋는 책 주머니이니 요즘의 책가방이다. 책가방을 흔든다 함은 편하고 쉽게 할 말도 괜히 유식하게 고전을 두루 인용하여 자신의 박식을 자랑한다는 뜻이다. 『남당서』南唐書「팽리용전」彭利用傳에 따르면, 남당南唐 사람 팽리용彭利用은 어린 자식이든 머슴 앞이든 그저 간단하게 할 말도 입만 열면 고전을 인용했는데 그것도 본뜻을 곡해하거나 맘대로 끊어와 유식한 체했다. 사람들은 팽리용을 가리켜 '책가방을 흔든다'고 비꼬았다.

서성書城: 책의 성

중국어권의 큰 서점은 종종 'ㅇㅇ서성書城'이란 이름이 붙는다. 물론 온라인 서점에도 저런 명칭이 있고, 웹상의 전자도서 사이트에도 저런 명칭이 있다. 심지어 도서 관련 잡지 이름에도 있다. 당나라 때 정치가 이필李泌의 집이 책으로 둘러싸였기에 사람들이 '책의 성'이라 부른 데서 유래했다.

책에 빠져 식사도 잠도 잊었다. 당시 사람들은 이를
'서음'書淫이라 불렀다.

『진서』晉書 「황보밀전」皇甫謐傳

서음書淫: 책벌레

여기서 '음'淫은 '음탕하다'라는 뜻이 아니다. 중국의 옛
글에서는 상식을 벗어날 정도로 과도하게 몰입하거나 심취
했다는 뜻으로 쓰인다. 그러므로 '서음'이란 책에 완전히 빠
진 사람을 가리킨다. 『진서』「황보밀전」에 따르면, 진晉나
라 학자 황보밀皇甫謐은 책에 아주 심취하여 식사도 잊고 잠

도 잊을 정도였다. 당시 사람들이 '서음'이라 부른 것도 무리가 아니었다.

청나라 때 대학자 염약거는 추위와 더위에도 아랑곳하지 않고 연구를 계속했고 남북조 시대의 학자 도홍경陶弘景과 황보밀의 말을 모아 집의 기둥에 붙여 놨다. "하나라도 모르면 큰 수치로 여겼다. 사람만 보면 묻느라 편할 날이 없었다." 염약거는 황보밀을 롤모델로 여긴 것이다.

서미書迷: 책에 빠진 자

앞서 소개한 명나라의 정치가 송렴宋濂의 이야기를 상기하기 바란다. 집이 가난하여 책을 살 수 없자 여기저기서 책을 빌려 읽었고, 읽은 다음에는 그 책을 전부 베껴 썼다. 추운 날은 벼루의 물이 얼고 손가락이 저려도 계속 베껴 썼다. 당시 사람들이 송렴을 '서미'라 했다. 책에 빠졌다는 뜻이다.

서굴書窟: 책의 동굴

오대십육국 시절의 서생 맹경익孟景翌은 평생을 독서에 매진했는데 집을 나설 때도 책을 잔뜩 가지고 다녀서 종일 책을 손에서 놓지 않았다. 그가 앉는 자리는 사방으로 온통 책이 널려 있었기에 당시 사람들은 이를 '책의 동굴'이라 칭했다.

서전 書顚: 책에 미친 놈

송나라 때 문인 육유의 시 「한야독서」寒夜讀書에 '서전'이란 용어가 보인다. 가죽 끈으로 묶은 책을 어찌나 많이 읽었는지 가죽 끈이 끊어졌고, 쇠로 만든 벼루에 구멍이 날 정도로 열심히 먹을 갈고 글을 썼으며, 입으로 책을 낭독하고 손으로 책을 베껴 쓰는 것을 그동안 몇 년이나 했는지 헤아릴 수 없어서 책이 없으면 죽을 지경이니 사람들이 '책에 미친 놈'이라 조롱하든 말든 상관하지 않겠다는 내용이다. 이쯤 되면 미친놈 소리를 들을 만하다. 이런 사람이었기에 그의 서재 이름은 '서소'書巢, 즉 '책의 둥지'였다. 같은 제목의 짧은 글을 한 편 썼던 데서 유래한다.

방 안에는 책이 책장 위에도 있고 앞에도 있고 침상에도 있다. 내려 봐도 올려 봐도 사방을 둘러봐도 온통 책이다. 나는 여기서 먹고 자는데, 아파서 신음을 할 때도, 걱정하고 슬프고 탄식하고 화를 낼 때도, 여기서 책과 함께하지 않은 적이 없다. 손님이 찾아오지 않거나 아내와 자식들이 보러 오지 않으면 바람이 부는지 비가 오는지 번개가 치는지 우박이 떨어지는지 나는 모른다. 간혹 일어나고 싶어서 허리를 펴면 널브러진 책들이 마치 빽빽한 나뭇가지처럼 나를 에워싸서 걸음을 옮길 수가 없다. 그럴 때마다 나는 실소하여 중얼거린다. "이곳이 내 둥지로세." 손님이 찾아와 나는 손님을 서재로 안내했다. 손님이 처음에는 못 들어갔다. 겨우 기어 들어갔는데 이번에는 나오질 못하였다. 손님이 안에서 크게 웃었다. "맞네, 둥지로구먼."

당나라 때 시인 장적張籍은 두보의 시를 너무 좋아했다. 어느 정도 좋아했을까? 두보의 시를 불로 태워 재로 만들고, 그 재를 꿀에 재어서 하루에 세 숟갈씩 먹었다. 나도 한때 사마천의 『사기』를 태워서 그 재를 꿀에 재어 먹어 볼까 했지만 현직에 있던 몸이라 이상한 소문이 날까 싶어 참았다. 은퇴하면 장적처럼 해 볼 것이다.

장적이 두보의 시를 그리 좋아하여 거의 '미친 짓'을 했지만, 다들 두보의 시에 심취한 것은 아니었다. 오히려 당나라 말기 사람들은 이백이나 두보의 시가 너무 과장되거나 너무 고지식하다고 폄하했고, 우리의 예상과는 크게 다르게 가도賈島의 작품을 높이 평가했다. 가도의 권위와 인기가 어느 정도였을까? 가도의 모습을 조각하여 모시기도 했고,

그의 시를 판각하여 선물하기도 했다. 심지어 불경처럼 가도의 작품을 아침저녁으로 읽고 절하기도 했다. 마치 장적처럼 당시 사람 중에는 가도의 작품을 태워 꿀에 재어 먹은 사람도 많았다. 가도의 지혜를 얻고 싶었던 것이다.

책벌레의 공부
: 책에 살고 책에 죽다

2018년 4월 14일 초판 1쇄 발행

지은이
이인호

펴낸이	**펴낸곳**	**등록**	
조성웅	도서출판 유유	제406-2010-000032호(2010년 4월 2일)	
	주소		
	경기도 파주시 책향기로 337, 301-704 (우편번호 10884)		

전화	**팩스**	**홈페이지**	**전자우편**
070-8701-4800	0303-3444-4645	uupress.co.kr	uupress@gmail.com

페이스북	**트위터**	**인스타그램**	
www.facebook	www.twitter	www.instagram	
.com/uupress	.com/uu_press	.com/uupress	

편집	**영업**	**디자인**	
이경민	이은정	이기준	

제작	**인쇄**	**제책**	**물류**
제이오	(주)민언프린텍	(주)정문바인텍	책과일터

ISBN 979-11-85152-82-0 03020

이 도서의 국립중앙도서관 출판예정도서목록(CIP)은 서지정보유통지원시스템
홈페이지(seoji.nl.go.kr)와 국가자료공동목록시스템(www.nl.go.kr/kolisnet)에서
이용하실 수 있습니다.(CIP제어번호: CIP2018011039)

1 **단단한 공부** 윌리엄 암스트롱 지음. 윤지산 윤태준 옮김   12,000원

2 **삼국지를 읽다** 여사면 지음. 정병윤 옮김   13,000원

3 **내가 사랑한 여자** 공선옥 김미월 지음   12,000원

4 **위로하는 정신** 슈테판 츠바이크 지음. 안인희 옮김   10,000원

5 **야만의 시대, 지식인의 길** 류창 지음. 이영구 외 옮김   16,000원

6 **열린 인문학 강의** 윌리엄 앨런 닐슨 엮음. 김영범 옮김   16,000원

7 **중국, 묻고 답하다** 제프리 와서스트롬 지음. 박민호 옮김   15,000원

8 **공부하는 삶** 앙토냉 질베르 세르티양주 지음. 이재만 옮김   15,000원

9 **부모 인문학** 리 보틴스 지음. 김영선 옮김   15,000원

10 **인문세계지도** 댄 스미스 지음. 이재만 옮김   18,500원

11 **동양의 생각지도** 릴리 애덤스 벡 지음. 윤태준 옮김   18,000원

12 **명문가의 격** 홍순도 지음   15,000원

13 **종의 기원을 읽다** 양자오 지음. 류방승 옮김   12,000원

14 **꿈의 해석을 읽다** 양자오 지음. 문현선 옮김   12,000원

15 **1일1구** 김영수 지음   18,000원

16 **공부책** 조지 스웨인 지음. 윤태준 옮김   9,000원

17 **번역자를 위한 우리말 공부** 이강룡 지음   12,000원

18 **평생공부 가이드** 모티머 애들러 지음. 이재만 옮김   14,000원

19 **엔지니어의 인문학 수업** 새뮤얼 플러먼 지음. 김명남 옮김   16,000원

20 **공부하는 엄마들** 김혜은 홍미영 강은미 지음   12,000원

21 **같이의 가치를 짓다** 김정헌 외 지음   15,000원

22 **자본론을 읽다** 양자오 지음. 김태성 옮김   12,000원

23 **단단한 독서** 에밀 파게 지음. 최성웅 옮김   12,000원

24 **사기를 읽다** 김영수 지음   12,000원

25 **하루 한자공부** 이인호 지음   16,000원

26 **고양이의 서재** 장샤오위안 지음. 이경민 옮김   12,000원

동양고전강의 시리즈

삼국지를 읽다
중국 사학계의 거목 여사면의 문학고전 고쳐 읽기
여사면 지음, 정병윤 옮김

중국 근대사학계의 거목이 대중을 위해 쓴 역사교양서. 이 책은 조조에 대한 새로운 관점을 처음 드러낸 다시 읽기의 고전으로, 자기 자신의 눈으로 문학과 역사를 보아야 한다고 역설하는 노학자의 진중함이 글 곳곳에 깊이 새겨져 있다.

사기를 읽다
중국과 사마천을 공부하는 법
김영수 지음

28년째 『사기』와 그 저자 사마천을 연구해 온 『사기』 전문가의 『사기』 입문서. 강의를 모은 책이라 쉽고 재미있게 읽을 수 있다. 지금까지 중국을 130여 차례 답사하며 역사의 현장을 일일이 확인하고, 그 경험을 바탕으로 연구한 전문가의 강의답게 현장감 넘치는 일화와 생생한 지식이 가득하다. 『사기』에 관심이 있는 독자라면 남녀노소 누구나 어렵지 않게 읽을 수 있는 교양서.

논어를 읽다
공자와 그의 말을 공부하는 법
양자오 지음, 김택규 옮김

『논어』를 역사의 맥락에 놓고 텍스트 자체에 집중해, 최고의 스승 공자와 그의 언행을 새롭게 조명한 책. 타이완의 인문학자 양자오는 『논어』 읽기를 통해 『논어』라는 텍스트의 의미, 공자라는 위대한 인물이 춘추 시대에 구현한 역사 의미와 모순을 살펴보고, 공자라는 인물을 간결하고도 분명한 어조로 조형해 낸다. 주나라의 봉건제로 돌아가기를 꿈꾸면서도 신분제에 어긋나는 가르침을 펼친 인물, 자식보다 제자들을 더 아껴 예를 어겨 가며 사랑을 베풀었던 인물, 무엇보다 사람이 사람다워야 함을 역설했던 큰 인물의 형상이 오롯하게 드러난다.

노자를 읽다
전쟁의 시대에서 끌어낸 생존의 지혜

양자오 지음, 정병윤 옮김

신비에 싸여 다가가기 어렵다고
여겨지는 고전 『노자』를 문자 그대로
읽고 사색함으로써 좀 더 본질에
다가가고자 시도한 책. 양자오는
『노자』를 둘러싼 베일을 거둬 내고
본문의 단어와 문장 자체에 집중한다.
그렇게 하여 『노자』가 나온 시기를
새롭게 점검하고, 거기서 끌어낸
결론을 바탕으로 『노자』가 고대
중국의 주류가 아닌 비주류 문화인
개인주의적 은자 문화에서 나온
책이라고 주장한다. 더불어 『노자』의
간결한 문장은 전쟁을 종결하고
백성을 편하게 하고자 군주에게 직접
던지는 말이며, 이 또한 난무하는
제자백가의 주장 속에서 살아남기
위한 전략이라고 말한다.

장자를 읽다
쓸모없음의 쓸모를 생각하는 법

양자오 지음, 문현선 옮김

장자는 송나라 사람으로 알려져 있다.
송나라는 주나라에서 상나라를
멸망시킨 뒤 후예들을 주나라와
가까운 곳에 모아 놓고 살도록 만든
나라다. 상나라의 문화는 주나라와
확연히 달랐고, 중원 한가운데에서,
이미 멸망한 나라의 후예가 유지하는
문화는 주류 문화의 비웃음과 멸시를
받았다. 그러나 춘추전국 시대로
접어들면서 주나라의 주류 문화는
뿌리부터 흔들렸다. 그런 주류
문화의 가치를 조롱하는 책이며
우리에게도 다른 관점으로 지금을
되돌아볼 수 있는 기회를 준다.
책의 앞머리에서 고대 중국의 주류
문화와 비주류 문화의 간극을
설명하고, 장자의 역사 배경과 사상
배경을 훑고 『장자』의 판본이 어떻게
달라졌는지 살펴본 다음, 『장자』의
「소요유」와 「제물론」을 분석한다.
저자는 허세를 부리는 듯한 우화와
정신없이 쏟아지는 궤변, 신랄한
어조를 뚫고 독자에게 『장자』의
핵심에 접근하는 방법을 알려 준다.
중국의 문화 전통에서 한쪽에 밀려나
잊혔던 하나의 커다란 맥을 이해하고
새롭게 중국 철학과 중국 남방 문화를
일별하는 기회를 얻는 동시에 다시금
'기울어 가는 시대'를 고민하는
기회를 갖게 될 것이다.

맹자를 읽다
언어의 투사 맹자를 공부하는 법
양자오 지음, 김결 옮김

유가의 이념을 설파하는 위대한 성인
맹자를 추앙하고 그 사상을 설명하는
책이 아니다. 양자오는 여태 우리가
간과했던 맹자의 '말솜씨'를 콕
찍어 끌어낸다. 중국 전국 시대에
이미 낡은 것으로 치부되던 유가의
사상을 견지하고, 인간을 믿었던
맹자는 빼어난 말솜씨로 각국의 왕을
설득하여 전쟁을 멈추고 사람이 살 수
있는 나라를 만들고자 노력한다.
웅변의 시대에 홀로 선 투사로서.

묵자를 읽다
생활 밀착형 서민 철학자를 이해하는 법
양자오 지음, 류방승 옮김

봉건 제도가 무너지기 시작한
난세, 중국 춘추 시대. 유가는
이 난세가 봉건 질서의 붕괴에서
비롯되었으므로, 예교禮敎를 다시 세워
세상을 바로잡아야 한다고 외쳤다.
그러나 서민 계급 출신의 묵자는
봉건 사회의 예교 자체가 난세의
근원이라고 주장했다. 거칠 것 없는
웅변가인 묵자는 '겸애'를 무기로
유가 진영에 맹렬한 공격을 퍼부으며,
봉건 제도의 예교를 지지하는
이들의 언행불일치와 모순을 비웃고
비난했다. 그리고 묵자와 그의
제자들은 자신들의 신념을 실천으로
증명하고자 중국 각지를 뛰어다녔고,
난세 속에서 묵가가 지닌 합리성을
확실하게 보여 주었다.
언제나 고전에 대한 개성적인
독법으로 독자에게 고전을 읽는
또 다른 길을 안내하는 타이완의
지식인 양자오는 이 책에서도 묵가의
독특한 논변 방식을 새롭게 조명하고,
그들의 소박한 사상과 실천이
가져오는 참신함이 묵가를 유가와
함께 '뛰어난 학문'으로 이름 나게
하였음을 밝힌다.

중국

야만의 시대, 지식인의 길
**중국사 지성의 상징 죽림칠현,
절대 난세에 답하다**

류창 지음, 이영구 외 옮김

중국 중앙방송 '백가강단'에서 절찬리
방영된 역사 교양강의.
동아시아 지식인의 원형, 죽림칠현의
파란만장한 인생을 유려하게 풀어낸
수작. 문화와 예술 방면에서는
화려하고도 풍부한 열정이
가득했으나 정치적으로는 권력으로
인한 폭력과 압박으로 처참했던 위진
시기. 입신하여 이름을 떨치느냐
은둔하여 자유를 추구하느냐의
갈림길에서 유교와 도교를 아우른
지식인의 고뇌가 깊어진다. 뛰어난
재능과 개성으로 주목받았던 일곱
지식인. 그들의 고민과 선택,
그로 인한 다채로운 삶은 독자에게
현재의 자리를 돌아보고 앞으로
나아갈 길을 다시 생각하게 한다.

중국, 묻고 답하다
미국이 바라본 라이벌 중국의 핵심 이슈 108

제프리 와서스트롬 지음, 박민호 옮김

108개의 문답 형식으로 중국의 교양을
간결하게 정리한 이 책은 중국을
왜 그리고 어떻게 이해해야 하는지
알고자 하는 독자에게 유익하다.
술술 읽히는 이야기를 따라가다 보면
과거의 중국에 대한 정보부터 오늘날
중국에서 가장 중요한 인물과 사건까지
한눈에 파악된다. 교양인이 반드시
알아야 할 내용으로 가득한 미국 중국학
전문가의 명저.

명문가의 격
**고귀하고 명예로운 삶을 추구한
중국 11대 가문의 DNA**

홍순도 지음

중국을 이끈 명문가 열한 가문을 엄선해
그들이 명문가로 자리 잡을 수 있었던
근원과 조상의 정신을 이어받은 후손의
노력을 파헤친 중국전문가의 역작.
3년간의 자료 조사와 현지 취재로 생생한
역사와 현장감이 느껴진다. 동아시아의
큰 스승 공자 가문부터 현대 중국을 있게
한 모택동 가문에 이르기까지, 역사
곳곳에 살아 숨 쉬는 가문의 일화와 그
후손이 보여 주는 저력은 가치 있는 삶과
품격이 무엇인지 생각하게 한다.

옥스퍼드 중국사 수업

세계사의 맥락에서 중국을 공부하는 법

폴 로프 지음, 강창훈 옮김

한 나라를 제대로 공부하려면
역사부터 시작하는 게 가장 무난한
방법이다. 중국을 다루는 역사서는
다양하지만 이제까지 중국에
큰 관심을 두지 않았던 독자라면
중국사 전체를 일별할 수 있는
통사부터 시작하는 편이 좋다. 이 책의
가장 큰 장점은 서구 중국학계의 최신
연구 성과가 착실하게 반영되어 있고,
이를 스토리텔링 기법으로 설명하고
있다는 점이다.
그만큼 탄탄한 학술적 성과 위에
흥미진진하게 쓰였다. 서구 중국학
연구의 메카 옥스퍼드대학교에서
기획한 이 책은 '새로운 옥스퍼드
세계사 시리즈'의 한 권으로,
중국의 역사를 세계사의 맥락에서
교류와 융합이라는 관점을 가지고
조망한 책이다.

1일1구
내 삶에 힘이 되는 고전명언 365

김영수 지음

하루에 한 구절씩 맛보는 고전의
풍미. 마르지 않는 지혜의 샘.
고전에는 과거와 현재와 미래를
관통하는 선현의 지혜가 담겼다.
그러나 이 오래된 지혜를 요즘의
독자가 문화와 역사를 단숨에
뛰어넘어 이해하기는 쉽지 않다.
중국 고전 학자이자 『사기』
전문가인 저자가 중국의 300여 고전
중에서 명구를 엄선하여 독자가
부담 없이 읽어 볼 수 있도록
소개했다. 원문을 함께 실려
있어 고전의 또 다른 맛과 멋을
느낄 수 있다.

하루 한자 공부
내 삶에 지혜와 통찰을 주는
교양한자 365

이인호 지음

하루에 한 자씩 한자를 공부할 수
있는 책. 한자의 뿌리를 해설한
여러 고전 문헌과 여러 중국학자의
연구 성과를 두루 훑어 하루에
한자 한 자씩을 한자의 근본부터
배울 수 있도록 한다. 무조건
암기하기보다는 한자의 기초부터
공부하도록 해 한자에 대한
기초체력을 키우는 데 중점을 둔
책으로, 하루 한 글자씩 익히다
보면 어느새 한자에 대한 자신감이
붙을 것이다.